上海市
公共文化直播服务
供给模式研究

——以“文化上海云”和“H驿站”为例

苏 煜/著

同济大学出版社
TONGJI UNIVERSITY PRESS
·上海·

图书在版编目(CIP)数据

上海市公共文化直播服务供给模式研究：以“文化上海云”和“H驿站”为例 / 苏煜著. -- 上海：同济大学出版社，2023.7

ISBN 978-7-5765-0383-8

Ⅰ.①上… Ⅱ.①苏… Ⅲ.①文化-公共服务-研究-上海 Ⅳ.①G127.51

中国版本图书馆 CIP 数据核字(2022)第 181487 号

上海市公共文化直播服务供给模式研究

——以“文化上海云”和“H驿站”为例

苏煜 **著**

责任编辑 张　睿　**责任校对** 徐逢乔
封面设计 苏　煜　**封面执行** 陈益平

出版发行 同济大学出版社
(地址:上海市四平路 1239 号　邮编:200092　电话:021-65985622)
排　　版 南京月叶图文制作有限公司
印　　刷 江苏凤凰数码印务有限公司
开　　本 889mm×1194mm　1/32
印　　张 4.125
字　　数 111 000
版　　次 2023 年 7 月第 1 版
印　　次 2023 年 7 月第 1 次印刷
书　　号 ISBN 978-7-5765-0383-8

定　　价 32.00 元

前　言

2017年，文化部在下发的《“十三五”时期公共数字文化建设规划》中指出，公共数字文化建设是加快构建现代公共文化服务体系的重要任务。“十三五”时期，是基本建成现代公共文化服务体系的冲刺阶段，是落实国家“互联网+”行动计划、大数据战略和推进公共数字文化发展的重要战略机遇期。截至2019年12月底，国家数字文化网中的“共享直播”栏目已有648场直播活动，“文化上海云”也已有737场直播活动，但是纵览当前所有的直播服务，发现在诸多方面都尚待改进。

公共数字文化建设作为“十三五”时期的发展重点之一，有必要在“十三五”收官之际对此进行总结性研究，也为“十四五”时期公共数字文化建设能更好地服务民众提供节点式的经验及改进策略。

首先，本书通过文献调研，发现目前网络直播作为一种新媒体仍处于发展初期。但借助新技术的快速发展和公众观看习惯的变化，网络直播行业整体也在大跨步前进。公共文化的直播服务作为网络直播垂直领域之一，在直播平台建设、视频网络传输、直播内容建设等方面不断积极探索。我国对公共文化直播服务的研究大多关注第三方网络直播平台，较少关注公共文化云等政府平台提供的网络直播服务。我国公众从政府相关平台获取的直播服务，在网络技术、内容设置等各方面相较于第三方网络直播平台都有较大差异。

其次，本书通过调查问卷的方式，对上海市公共文化直播服务进行调研，涉及公共文化直播服务整体服务满意度、直播服务使用情况和基本信息等几个方面。其中，公共文化直播服务整体满意度是为了了解公众对于直播服务的各方面满意度情况及今后使用意愿；直播服务的供给模式从直播内容供给主体、直播技术供给主体、直播内容供给渠道、直播内容供给类型和直播平台互动功能等五方面进行针对性调研；基本信息主要了解公共文化直播受众的年龄和性别分布。

最后，本书根据新公共服务理论和公共产品理论对调研中发现的问题进行梳理，并在此基础上对“文化上海云”（包括“文化普陀云”* ）和“H驿站”公共文化直播服务供给模式中的直播内容供给主体、直播技术供给主体、直播内容供给渠道、直播内容供给类型和直播平台互动功能进行梳理和分析，并提出发现的问题及相应的对策。

本书以我的硕士毕业论文为基础改写而成。在此，特别感谢硕士研究生导师熊国钺副教授。我的本科与研究生专业相差甚远，熊老师从选题开始就耐心地给予大量指导，精准地提出了论文的主要问题，帮助我从研究重点、结构等方面进行了修改。此外，也感谢我的家人和朋友，你们的关心、支持和鼓励是我前进的最大动力，感谢你们！

---

* 在上海市区级文化云的建设中，普陀区和其他各区情况不一样，除了在“文化上海云”中设有账号，普陀区还专门建有“文化普陀云”网站，但两处更新内容不同步，“文化普陀云”网站内容更全，所以著者将其单独列出。

由于公共文化直播的内容范围、直播平台等一直在改进，加之本人水平有限，难免出现疏漏和错误，敬请读者批评指正。

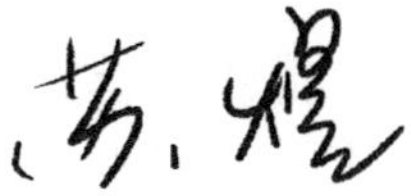

2020年6月

目　　录

第 1 章 绪 论

1.1 研究背景

党的十八大提出，文化建设是我国经济社会发展“五位一体”总体布局之一。在当前我国大力建设服务型政府的进程中，现代公共文化服务体系的建设受到了党中央和国务院的重视。自党的十八届三中全会要求构建现代公共文化服务体系以来，我国公共文化服务设施已覆盖城乡，形成了较为完善的体系。但是相较于国外发达国家公共文化建设，我国公共文化服务体系仍处于起步阶段，部分地区基础设施薄弱，难以适应公众多变的文化需求，新业态新模式无法有效与公共文化服务对接，单一的服务供应渠道及平台等问题依然未能解决。因此，为了顺应国家新形势、市场新业态及文化新需求，并结合新一代信息技术，我国开始大力推动传统公共文化服务向公共数字文化转变的建设。

自 2002 年 4 月起，我国对加强文化共享工程提出了明确的要求，并实施了全国文化信息资源共享工程、数字图书馆推广工程及公共电子阅览室建设计划三大数字文化惠民工程，为我国基层文化服务插上了“数字化”的翅膀。截至2013年年底，我国已基本建成基于公共电子阅览室的六级公共数字文化服务网络体系，渗透至国家、省、市、县、乡镇（街道）及村（居委）。同时，得益于互联网等数字技术的快速发展，文化共享工程的音频、视频等数字资源涵盖了科技、文化、艺术等领域，部分地区也已建成具有地方特色的数字资源库，使我国当前的数字文化资源呈现多元化、差异化的特点。

然而，文化共享工程经历了10年建设时间，也发现了诸多问题，例如：各地区数字资源分散，没有统一的服务平台进行整合；数字资源库的网络基础设施、更新频次等方面疏于管理。因此，依托文化共享工程“十二五”规划要求，我国启动了“国家公共文化数字支撑平台”项目，旨在以文化共享工程现有网络和硬件条件为基础，运用云计算等新兴信息技术，为公共文化服务提供有力的数字化支撑。支撑平台的建设由文化共享工程国家中心和全国32个省级分中心协力推进，建设内容包括硬件系统、基础软件系统（含云管理系统、资源共享系统、网络分发系统、应用集成系统、评估管理系统）和特色应用系统三大部分，计划于2015年完成一期建设并上线对外服务[1]。一期建设完成后，公共文化服务单位将通过平台赋能，为公众提供多样化的文化数字产品及新颖的场景体验。在逐步建设“中国文化网络电视”“国家数字文化网”和“政工网”三个网络的进程中，公众可以通过PC端、手机端、电视端等各类数字终端高效便捷地获取公共数字文化产品。

在2018年全国文化厅(局)长会议上,“开展国家公共文化云试点工作”被列为文化和旅游部当年的工作要点。为贯彻落实文化和旅游部的工作部署,文化和旅游部全国公共文化发展中心采取有力措施,推进国家公共文化云各项工作取得良好成效[2]。

截至2018年年底,国家公共文化云的PC端、移动端、微信公众号、大屏一体机等系统陆续进入线上线下场景。与此同时,随着4G和智能手机在全国的广泛普及,2016年成为中国网络直播元年,直播平台、直播数量、观看人数呈井喷式发展。根据近几年网络直播的发展历程,我国网络直播已从基于PC端的秀场直播转变为基于移动端、PC端的泛娱乐、垂直领域直播和资讯类直播;直播形式既有单纯的线上互动,也有线下与线上共同互动的形式;直播内容也基本覆盖了各行各业。国家公共文化云也在顺应当前直播行业快速发展的趋势下,开设了共享直播栏目,各地的群众文化活动、文化讲座的直播数量和访问量快速增长,深受公众好评。

当前,随着公众对直播内容质量、获取渠道的要求日益多元,更多高质量的原创内容进入视频直播平台业已成为未来发展的主要趋势。诸多文化组织机构、企业单位也将自身的文化艺术活动、讲座、竞赛搬上了主流视频直播平台。因而,使公众获取公共数字文化服务从原本单一的政府平台,转向了政府+专业视频直播网站的多渠道获取形式。

但是,公共文化服务平台作为需要依靠大量基础设施、信息网络的线上平台,单靠政府资金维护显然不切实际,也无法有效地激发各地区创新公共文化艺术活动的积极性，满足各地不同的公共数字文化诉求。因此，公共文化服务需要借助大量社会力量进行有效供给。

上海作为较早建设公共文化云的地区之一，得益于公众对公共文化的热切需求，其建设内容质量相较于国家公共文化云来说有着先天优势，尤其在直播相关栏目中可见一斑。

但我国当前仍按照2014年颁布的《中华人民共和国政府采购法》及财政部于2013年印发的《政府采购品目分类目录》（以下简称“采购目录”）进行政府采购。纵览“采购目录”中的品目分类，在文化、体育、娱乐服务大类中，仅包括新闻服务，广播、电视、电影和音像服务，文化艺术服务这三类服务品目。网络直播作为新兴的公共数字文化供给模式却未被列入其中。聚焦上海，2015年上海市政府印发《上海市贯彻〈关于加快构建现代公共文化服务体系的意见〉的实施意见》《上海市基本公共文化服务实施标准（2015—2020年）》（以下简称“实施标准”），2017年又印发了《上海市基本公共服务项目清单》，对于公共文化网络直播的模式都尚未提及。与此同时，2020年正处于“实施标准”的收官之年，又受到新冠疫情的影响，使得诸多线下文化活动不得不转移至线上，这就成了我国公共文化直播发展的重要契机。

1.2 研究目的及意义

1.2.1 研究目的

“十三五”时期，是基本建成现代公共文化服务体系的冲刺阶段，是落实国家“互联网+”行动计划、大数据战略和推进公共数字文化发展的重要战略机遇期[3]。

虽然截至2019年12月底，国家数字文化网中的“共享直播”栏目和“文化上海云”的直播活动已形成一定规模，但是纵览所有直播可以发现，其在诸多方面都尚待改进。

首先，直播内容和形式无法满足当前公众需求。现有的公共文化服务内容是以满足公众文化需求为目的的，但是随着公众的文化诉求日益多元，开始追求更加个性化、多元化的直播内容，直播资讯获取渠道和观看平台也将随着既有习惯进行自主选择。这些方面在当前的公共文化直播平台中并未能得到有效解决。

其次，直播平台互动功能并未起到实质作用。随着诸多网络直播平台的兴起，公众对一些常用的直播互动功能已能熟练操作。这些功能的出现有效反映了当下公众对直播互动功能的偏好，但是公共文化直播平台却未能将这些功能进行筛选、组合，并置入现有直播栏目中。

再次，公共文化直播服务品类归属较为模糊。根据“采购目录”的品目分类，公共文化直播服务可归属于“C2002 文化、体育、娱乐服务”“C200307 群众文化活动服务”中，而在《上海市基本公共服务项目清单》中，公共文化直播看似可以归属于文化配送服务，但是根据其描述却无法完全属于该类。因此，公共文化直播服务当前尚未有明确归属，对于直播效果的评估也暂未有明确指标体系作为支撑。

最后，为“实施标准”下一步政策制定提供参考及调研数据。网络直播的快速发展使得当前政策无法及时顺应市场需求。因此，有必要考虑将公共文化直播服务纳入未来上海市公共文化服务实施标准中，以此进一步推进文化直播的公众满意度，完善政府绩效考核指标体系。

1.2.2 研究意义

根据文化部印发的《“十三五”时期公共数字文化建设规划》的通知要求，鼓励各级各类公共数字文化服务平台与商业运营平台、网络传播媒体、公共服务平台开展合作，嵌入公共数字文化服务，增强公共文化服务便利性，实现公共数字文化服务全媒体、多终端覆盖，提高公共文化数字资源的传播效率[3]。因此，在鼓励社会力量参与公共数字文化建设的过程中，如何有效地将上海市优质的社会资源与现有公共数字文化服务平台结合，以更好地实现公共文化服务的公益性、基本性、均等性和便利性，是提升公众公共文化满意度和政府绩效的关键问题之一。

本书以公共文化直播作为研究核心，通过“文化上海云”（包括“文化普陀云”）与“H驿站”公共文化直播服务供给模式的直播内容供给主体、直播技术供给主体、直播内容供给渠道、直播内容供给类型和直播平台互动功能这五个方面进行分析，进而对上海市公共文化直播服务供给模式提出相应的改进建议，为今后社会力量参与公共文化直播服务及公共数字文化建设提供调研数据和参考性建议。

1.3 研究框架与方法

1.3.1 研究框架

本书由六大部分组成，具体如下：

第 1 章是绪论。内容包括对公共文化直播服务产生的背景、目的及意义进行分析；对国内外公共文化直播服务进行研究、评述；本书所运用的研究框架和方法及创新点。

第 2 章是对公共文化直播服务相关概念及理论进行分析，并研究国内外关于公共文化、直播及公共文化直播服务的文献资料，以此将新公共服务理论和公共产品理论更好地应用于之后的问题分析中。

第 3 章对上海市公共文化直播服务进行调研，对调查对象的基本信息、直播服务的使用情况、直播服务整体满意度及使用意愿进行数据梳理，且通过新公共服务理论和公共产品理论对调研结果数据进行分析并得出现状结论，为上海市公共文化直播服务产生的问题提供数据支持。

第 4 章对上海市公共文化直播服务供给模式进行分类研究，将直播内容供给主体、直播技术供给主体、直播内容供给渠道、直播内容供给类型和直播平台互动功能这五方面内容作为分析依据。同时，基于文献资料和调研数据对当前上海市公共文化直播服务供给模式现状提出问题，并给出相应对策。

第 5 章首先解释“文化上海云”(包括“文化普陀云”)和“H驿站”的选择依据，并对两个案例的公共文化直播服务现有供给模式进行逐一分析，在总结其中存在的问题后分别提出针对性解决对策。

第 6 章对本书的研究进行总结，并提出本书在上海市公共文化直播服务供给模式研究中存在的局限性及对后续研究的展望。

具体研究框架如图 1-1 所示。

1.3.2 研究方法

1. 文献研究法

由于本书研究涉及公共文化服务和网络直播跨领域的相关知识，因此，需要利用图书馆、互联网等平台查阅大量文献，包括著作、政策、行业年度报告等资料和数据，掌握国内外公共数字文化服务平台、公共文化云和专业视频直播平台关于发展历程、服务渠道、服务内容的研究成果和上海市公共文化直播的现状。

2. 参与式观察法

在本书研究著述的过程中，著者为了深入了解我国和上海

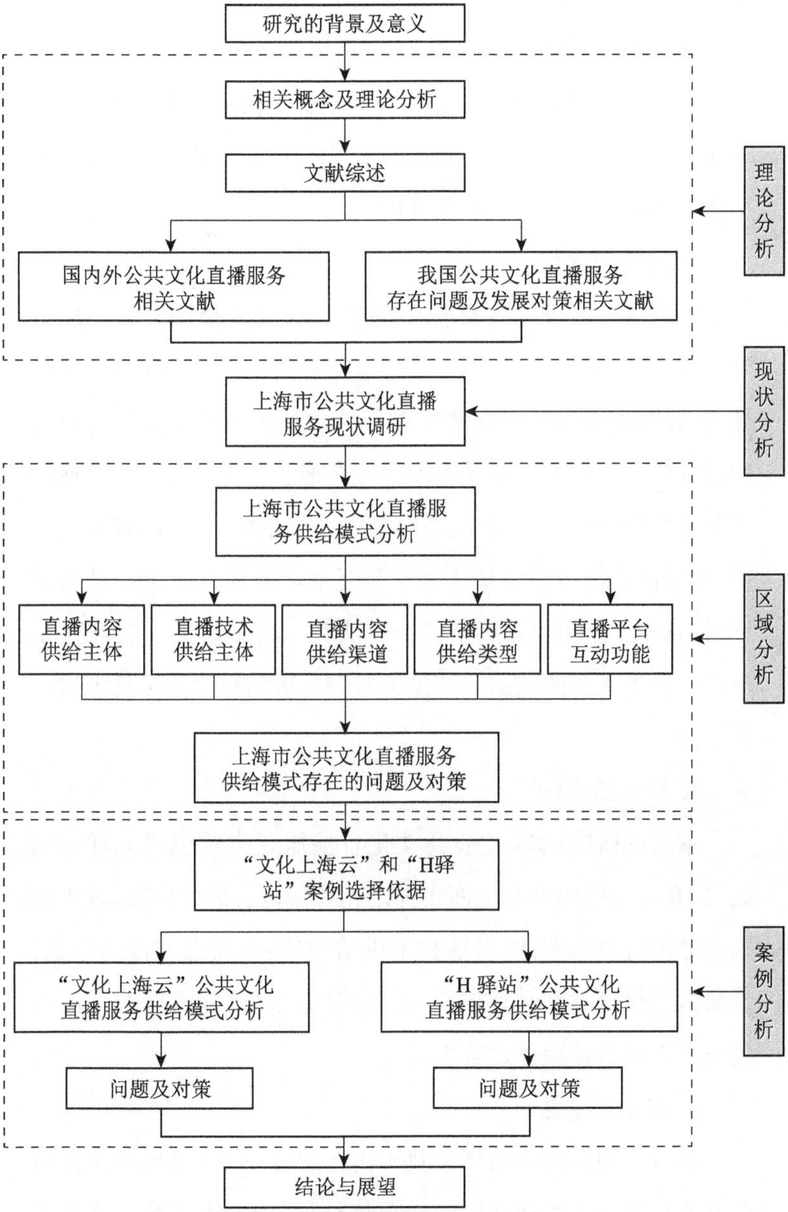
研究的背景及意义
相关概念及理论分析
文献综述
国内外公共文化直播服务相关文献
我国公共文化直播服务存在问题及发展对策相关文献
理论分析
上海市公共文化直播服务现状调研
现状分析
上海市公共文化直播服务供给模式分析
直播内容供给主体
直播技术供给主体
直播内容供给渠道
直播内容供给类型
直播平台互动功能
区域分析
上海市公共文化直播服务供给模式存在的问题及对策
"文化上海云"和"H驿站"案例选择依据
"文化上海云"公共文化直播服务供给模式分析
"H驿站"公共文化直播服务供给模式分析
问题及对策
问题及对策
案例分析
结论与展望

图 1-1　研究框架图

市公共文化云平台及其直播服务的现状，体验使用了118个公共文化云平台，并观看了相应的直播内容。同时参与了大量上海市本地内容的直播，发送弹幕、评论。通过亲身体验和观察，感知平台及直播内容的质量并进行必要的资料搜集，从而为本书之后的对比分析奠定数据基础。

3. 问卷调查法

本书通过调查问卷的形式，在公共文化直播服务整体服务满意度、直播服务使用情况和基本信息等几个方面进行调研。其中，公共文化直播服务整体服务满意度是为了了解公众对直播服务的各方面满意度情况及今后的使用意愿；直播服务使用情况从直播内容供给主体、直播技术供给主体、直播内容供给渠道、直播内容供给类型和直播平台互动功能等方面进行针对性调研；基本信息主要了解观看公共文化直播人群的年龄和性别分布。调查问卷的数据和结论为本书之后的对比分析奠定数据基础。

4. 比较研究法

本书的研究内容是公共文化直播服务供给模式问题。因此，有必要对国内外及上海市与之相关的内容进行比较，其中包括直播内容供给主体、直播技术供给主体、直播内容供给渠道、直播内容供给类型和直播平台互动功能，以此探索适合上海市的公共文化直播服务供给模式。

5. 归纳总结法

通过归纳总结国内外公共文化直播服务相关经验及上海市公共文化服务供给模式的比较分析结果，为上海市公共文化直播服务发展提出可行的意见和建议。

1.4 研究创新点

虽然自2016年以来，网络直播行业无论从主播数、观看用户数、直播数，还是直播内容涉及领域来看，都呈现井喷式发展，但是，根据相关文献资料可以发现，公共文化直播服务仍处于初期发展阶段。

本书创新地将政府公共文化平台所提供的直播服务与“H驿站”使用的第三方视频直播平台进行对比，探索适合公共文化直播服务的直播供给渠道，合理配置政府资金投入，加强监管，使公众能在观看公共文化直播的同时获得更好的线上体验。

第 2 章
相关概念及理论分析

2.1 相关概念分析

2.1.1 公共文化服务

参考 2018 年国家市场监督管理总局与中国国家标准化管理委员会发布的《公共文化资源分类》(GB/T 36309—2018)及 2016 年发布的《中华人民共和国公共文化服务保障法》中的相关定义,公共文化服务属于公共文化资源的子类目之一。本书的公共文化服务,是指由政府主导、社会力量参与,基于公共文化设施以满足公民基本文化需求为主要目的而提供的公共文化设施的规划、运营、维护、管理及其他相关服务。

其中"公民基本文化需求"是指既考虑到政府支付能力,又兼顾公民现实需求的那些积极健康、向上向善、符合导向、具有共性的文化需求。那些位于社会道德中准线之下及法律基准线之上的非基本社会需求,抑或可以直接经由市场提供得到满足的公民个性化需求，不属于政府倡导范畴，也无须政府特意提供或保障[4]。按照公共文化服务的供给主体、供给内容，可将公共文化服务分为纯公共文化服务与准公共文化服务（表 2-1）。

表 2-1　　公共文化服务按服务类型分类

<table>
<tr><th>公共文化服务类型</th><th>供给内容</th><th>受众主体</th><th>供给主体</th><th>举例</th></tr>
<tr><td rowspan="2">纯公共文化服务</td><td rowspan="2">涉及国家文化主权、文化安全、核心价值体系及文化传承创新等公共文化服务内容</td><td rowspan="2">公众</td><td rowspan="2">政府</td><td>由政府提供的数字电视节目、广播等</td></tr>
<tr><td>免费的博物馆、公共图书馆、美术馆、文化馆、社区文化中心、少年宫等</td></tr>
<tr><td rowspan="7">准公共文化服务</td><td rowspan="7">基于不同地域、产业、受众人群等，有一定范围界限的公共文化服务内容</td><td rowspan="7">公众</td><td rowspan="7">政府、市场、社会</td><td>收费的博物馆、美术馆、剧场（院）等</td></tr>
<tr><td>收费的数字电视节目、点播节目等</td></tr>
<tr><td>电影放映活动</td></tr>
<tr><td>文化艺术展览展示</td></tr>
<tr><td>非遗、中华传统文化等活动</td></tr>
<tr><td>面向特殊群体的文化娱乐活动</td></tr>
<tr><td>公共文化活动从业人员培训</td></tr>
</table>

同时，公共文化服务由于受众群体、呈现载体的不同，又可分为基本公共文化服务、文化产业公共文化服务（表 2-2）。

表 2-2　公共文化服务按受众群体和呈现载体分类

公共文化服务类型	供给内容	受众主体	供给主体	举例
基本公共文化服务	基于社会大众的文化需求所提供的普适性、基础性公共文化服务	公众	政府、市场	数字电视节目、广播等
				博物馆、公共图书馆、美术馆、艺术文化馆、社区文化中心等
文化产业公共文化服务	基于文化产业属性，满足该产业人群的公共文化需求所提供的专业性公共文化服务	文化产业专业群众	政府、市场、社会	产业博览会、交流会、对接会等
				产业发展政策、法律、咨询服务等

同时，公共文化服务为了满足公众基本文化需求，有以下四个特点：

（1）公益性。公共文化服务的重要属性之一就是非营利性，即公益性。公益性含义并非代表无收入，而是通过公共文化服务的收入维持日常运营，并以社会效益为目的的可持续性服务。

（2）均等性。公共文化服务的服务人群有着非排他性的属性。我国不同地区、不同年龄层次和性别的人都有权利享受同样质量、数量的公共文化服务。政府有必要通过标准化的手段快速推进公共文化服务覆盖面，以满足所有公众需求。

（3）基本性。由政府提供的公共文化服务是为了满足公众的基本文化需求，很少或几乎不涉及过于私人、小众的文化需求。

（4）便利性。便利性是公众快捷、方便获取公共文化服务的重要前提，以提升公共文化服务效率和可达性。顺应当前公众需求和生活方式，从线上、线下、线上 + 线下的多渠道进行服务设施升级是当前提升公共文化服务便利性的有效途径。

2.1.2　多元供给主体

2015 年年底，中央提出“供给侧结构性改革”，优化升级我国产业结构。在此背景下，公共文化服务在不断的发展过程中也在服务供给主体、投入资金、服务内容、受众需求等方面发现了一定问题。为了满足公众多样化、多层次的文化需求，优化政府资金配置，激发市场活力，需要建立一个由政府、市场、社会共同协作的公共文化服务体系。本书所指的多元供给包括政府、市场和社会的供给。

1. 政府

政府是提供公共文化服务的最重要的保障主体，在供给内容、供给模式上有权威性，也有资源分配权和选择权。政府提供的服务不受文化程度、年龄、区域限制，是公共利益的代表者，通过相关政策调动各地资源，为公众提供均等化、便利化的公共文化服务。

但是，政府在公共文化服务供给中的优势也成了其弊端。首先，政府无法满足所有公众的文化需求。由于公共文化服务供给内容庞杂，全国各地不同人群的文化偏好又不尽相同，导致政府提供的服务相对于公众文化需求有所偏差。其次，政府资金投入无法支撑公共文化服务持续有效提供。政府的资金投入有限，无法完全支撑公共文化服务的开支。最后，政府对于资源的分配权和选择权不利于公共文化服务体系健康发展。部分社会力量会通过不正当的渠道和手段获得政府青睐，破坏市场正当竞争，也容易使政府失去权威性和公信力。

鉴于以上问题，政府在公共文化服务供给中应扮演公共文化政策制定者、环境创造者和服务监管者的角色，保证公共文化服务能在市场参与的情况下，实现服务供给高效的目的。

2. 市场

为了弥补公共文化服务“政府失灵”的情况，市场将承担起部分服务供给的责任。市场以价格为导向，提供高效率、多元化、可变性强的多种形式的公共文化服务。市场提供的公共文化服务相对于政府更符合公众偏好，公众接受度更高，黏性更好，且在服务设施、专业程度和用户体验上更符合公众习惯。

但是，由于市场是以利益为目的参与公共文化供给的，其发挥作用期间也会产生诸多问题。首先，市场的逐利行为与公共文化服务的公益性相违背。市场倾向用最小的成本产生最大的效益，因此，极有可能出现为了获利而缩减成本导致公共文化服务质量下降的情况。其次，市场会集聚于潜在收益较大的公共文化服务项目中。市场对于那些收益少、周期长、需消耗大量成本的项目不感兴趣，不符合自身利益诉求。最后，市场的介入鞭策着政府提升其公共文化供给效率和质量。只有当公共文化服务产生竞争机制后，才能使各类供给主体互相激励，各取所长，弥补短板，推动自身提高供给服务效率和质量。

鉴于以上问题，市场在公共文化服务供给中应扮演公共文化供给效率的推动者、融资者的角色，保证公共文化服务在市场介入后，发挥其强大的融资优势，提升公共文化服务供给效率，丰富服务内容，实现社会效益和市场效益的双赢。

3. 社会

当公共文化服务项目中出现了“政府失灵”和“市场失灵”的情况时，非营利组织或是公益志愿者群体将成为供给主体的重要支撑。这些主体大多以小群体的形式分布在社区的各处，并以公益为目的无偿提供公共文化服务，它们了解一定范围内的公众需求，并能以较低成本及时满足相应诉求。

但是，正由于非营利组织或是公益志愿者群体较为分散，在提供公共文化服务时也会产生一些问题。首先，非营利组织和志愿者的专业性亟待加强。相关工作人员和志愿者大多来自各行各业，个体对于公共文化服务的专业知识较缺乏。其次，我国非营利性组织的不稳定影响了公共文化供给的可持续性。我国非营利组织仍处于初期发展阶段，从运营模式、工作稳定性等方面都无法保障，容易出现在项目服务期间因非营利组织发生变故而导致公共文化服务项目停滞的情况。最后，非营利组织服务供给范围覆盖面小。正是因为非营利组织扎根于社区，因此，仅能针对性地满足小范围区域公众的公共文化需求。

鉴于以上问题，非营利组织或是公益志愿者群体在公共文化服务供给中应扮演公共文化供给信息搜集者、快速响应者的角色，通过短、频、快的方式弥补政府和市场尚未涉及的服务，并成为公众与政府的“纽带”，协助政府提供丰富、高质量的公共文化服务。

2.1.3 公共文化云

随着我国公共数字文化建设的不断深入，如何整合各地方数字文化资源，为公众提供一站式线上线下公共数字文化平台便成了政府的重要任务。在借助互联网、移动设备的优势下，公共文化云应运而生。公众可以通过PC端网站、移动端应用、微信公众号、线下一体机等渠道进入公共文化云，获取公共文化服务。

当前，我国各地公共文化云的名称不尽相同，有“公共文化云”“公共数字文化云”“公共文化云服务”等。虽然在名称上有所差异，但平台的服务内容大多强调各地区公共数字文化资源的整合，高科技技术与文化的深度融合。本书将以上多种概念统称为“公共文化云”，认为公共文化云是把云计算、云存储、大数据等现代信息技术应用于公共文化服务领域所形成的一种基于网络的新型公共文化服务模式的统称[5]。

公共文化云的出现是顺应当前信息技术发展和公众生活方式的必然选择，新模式将能更好地整合各地线上线下公共数字文化资源，以实现公共文化服务的均等性和便利性。

2.1.4 公共文化直播服务

当前，随着我国新媒体用户数量的迅猛增长，在一定意义上，新媒体已逐步从时尚性和潮流性的精英媒体发展为面向大众的、承载着基本公共文化服务职能的大众媒体形式[6]。公众获取公共文化服务的渠道也从原本单一的PC端网页延伸至移动客户端等媒介。

所谓新媒体公共文化服务，即是以新的技术支撑体系下出现的媒体形态为平台，为了满足公民对基本文化生活的需求，由各个供给主体向社会公众提供公共文化产品或服务的总称[7]。因此，直播这一新媒体形式对于公共文化传播也发挥了极其重要的作用。

2015 年，我国公共数字文化建设受到当时直播行业的影响，开始零星出现直播形式的公共文化服务，伴随着直播行业井喷式发展，公共文化活动的各类线上直播也在各地兴起。2018 年，国家公共文化云正式开设了“共享直播”栏目，将公共文化活动的直播服务推上了风口浪尖，引发公众的热烈反响。

“共享直播”栏目聚集了我国各地公共文化云的直播资源，通过政府、市场及社会供给直播视频内容。纵览当前“共享直播”可知，栏目基本以文艺演出、培训讲座、文体赛事、非遗传承等公共文化活动的直播为主，并且具备一定的互动功能。本书将此类提供线下公共文化活动的线上直播服务统称为“公共文化直播服务”，并认为是新媒体公共文化服务的子类目，即公共文化直播服务是由多个主体运用视频、音频录制设备，通过互联网将线下公共文化活动传输至线上实时播出的公共文化产品或服务模式。

公众可以通过政府搭建的自有平台或第三方视频直播平台进行线上直播观看公共文化直播服务（表 2-3）。

在自有平台上观看直播无须跳转至第三方视频直播平台，但是直播互动功能较弱或不具备互动功能。从第三方视频直播平台观看有较为成熟的互动功能直播，符合当下公众尤其是年轻人对直播的偏好。

表 2-3　　公共文化直播服务供给平台对比

公共文化直播服务供给平台类型	特征	受众主体	供给主体	举例
政府公共文化云自有平台	内容权威、质量较好、资源较集中、地方特色明显	中老年居多	政府、市场	国家公共文化云-共享直播
				安徽公共文化云-共享直播
				文化上海云-看视频-直播
第三方视频直播平台	内容贴近生活、质量参差不齐、资源较分散、地方特色不明显	全年龄段	政府、市场、社会	爱奇艺教育频道
				哔哩哔哩直播
				优酷直播
				咪咕视频-直播
				西瓜视频直播

由于视频直播网站的直播内容涉及社会各领域，因此，公共文化直播内容也从原来单一的党建政务、教育、文化艺术延伸至创新创业、体育运动、生活爱好等方面，形成了政务直播、公益直播、文化直播等多种内容并存，并向 PUGC(专业用户生产内容)模式的转型[8]。

2.2　理论基础

2.2.1　新公共服务理论

1991 年，胡德最早在《一种普适性的公共管理中》首次提到

“新公共管理”的概念，他试图用“新公共管理理论”来代替传统公共行政管理理论。新公共管理理论的提出标志了政府职能由管理主导向服务主导过渡的过程[9]。随后，新公共管理理论便在世界范围内掀起了改革浪潮。虽然新公共管理对西方国家的政府公共管理水平、公共服务的供给效率都有着极大的推动作用，但未能实现真正的高效和节省行政成本，公共事务民营化的改革也忽略了“市场失灵”的情况，新公共管理的弊端也日益显现。

此时，“新公共服务理论”应运而生，以美国亚利桑那州立大学公共事务学院教授珍妮特 · V. 登哈特和罗伯特 · B. 登哈特夫妇为代表，在《新公共服务：服务，而不是掌舵》一书中提供了新公共服务与新公共管理的替代模式。新公共服务不以市场经济和私营部门作为核心，而是以人本主义作为价值导向，关注公民的整体公共利益。

新公共服务理论的核心思想可以概括为以下五点：

1. 政府职能是服务而非掌舵

新公共服务理论强调政府的职能是服务，而非掌舵[10]。政府不再是“掌舵”的决策层，而是以公共利益为价值导向，以服务公民、为公民提供能满足其诉求的公共服务为目标，推动社会实现共同利益。

2. 以公共利益为目标

新公共服务所指的公共利益并非单一的公民利益，而是政府与公民基于共同价值观所形成的集体利益和责任。政府想要高效地执行公共事务，就不能只将自身的利益和价值观置于公民之上，只有把政府与公民的各方利益都纳入考虑中，多维度权衡，多倾听公众的意见，才能达成以公共利益为目标的集体共识。

3. 服务公民而非顾客，强调公民权

新公共服务理论强调政府服务的群体是公民，这与私人部门和顾客的关系并不相同。新公共管理理论中强调建设“企业家型政府”，但是极易造成政府公共责任有所偏差。新公共服务理论定义的公民是在更广泛社区环境中责任的承担者与权利的享有者[11]。政府应首先以公民的需求为服务内容，提供高效、可靠、便捷的公共服务。同时，政府也应当将“公众参与”纳入公共事务的决策中，不仅让公众行使其公民权，同时提升公共服务供给效率和政府公信力，也能为今后的政策制定获取真实可靠的意见和建议。

4. 重视人，而不仅仅是效率

新公共服务不再以效率、效益、竞争等经济指标作为目标，而是将“以人为本”的理念作为政府人员服务的宗旨。政府是属于所有公民的，因此公共事务的运作需要政府与公民一同参与推动，政府人员需要具备一定的社会责任心和公民服务意识，才能在各项公共事务中扮演好监督者、管理者和参与者的角色，使政府能为公众提供切实有效的服务。

5. 政府责任的复杂性

新公共服务理论中所说的政府不是以利益为目的的企业家，公民也不是私人部门的顾客。因此，政府所承担的责任更为复杂，应当保证其提供的公共服务能满足公众需求，不侵犯公民利益，成为公共资源的管理者、公共利益的维护者、公共服务的参与者，将共同利益贯穿于各项服务中，提供高效便捷的公共服务。

2.2.2　公共产品理论

一般认为，现代经济学对公共产品的定义首先由美国学者保罗・萨缪尔森在《公共支出的纯理论》中提出，纯公共产品是每个人消费这种产品都不会导致他人对这种产品的减少。相对于私人产品，公共产品强调非竞争性、非排他性和效用不可分割性。1965 年，美国经济学家詹姆斯・麦基尔・布坎南在《俱乐部的经济理论》一书中，对准公共产品进行了首次讨论分析。至此，公共产品概念拓宽至纯公共产品和准公共产品。

1. 非竞争性

当私人产品被某一人消费后，排除了其他人对其消费，边际效益等于零。而公共产品与私人产品不同，它包括两方面含义：第一，边际生产成本为零：新增消费者无须增加公共产品供给成本。第二，边际拥挤成本为零：任何人对其消费都不会影响其他人使用，公共产品也不会因此减少数量、降低质量。

2. 非排他性

任何人消费公共产品都不影响其他人消费，人们可以免费使用该公共产品。因此极易出现“搭便车”的现象。

3. 效用不可分割性

公共产品是全体公民拥有的、无法分割的。国防、治安为最典型的公共产品。

由于公共产品的自身特性，使得其在单一的政府供给模式和市场供给模式下都会出现“政府失灵”和“市场失灵”的情况。“搭便车”的行为也日益凸显，每个人都希望在少付出或者不付出的情况下享受公共产品。因此，政府在公共产品上所需要承担的资金压力和责任尤为巨大。

公共文化服务作为公共产品的一部分，也存在上述问题。因此，引入社会力量，打破单一的政府供给模式势必成为解决公共文化服务“失灵”的方式，使之从纯公共产品转变为准公共产品。

2.3 公共文化直播服务文献综述

2.3.1 国外公共文化直播服务相关文献

直播行业在世界上发展较快的国家数美国和韩国，中国也是借鉴了两国的经验探索自身的网络直播发展模式。2011 年，美国出现了第一家网络直播平台 Twich.tv，并至 2017 年仍处于行业领先地位[1]。随后，如 Yahoo! Live、YouTube Live、UStream 等直播平台也进入了网络直播领域。

首先，本书以“live streaming”和“live video streaming”为主题词在 ACM Digital Library 进行检索，并根据网络直播平台产生的时间，将检索时间范围设定在 2011 年至 2020 年 3 月之间，共检索到 122 273 篇相关文献，文献类型包括期刊、会议和专题研讨会。大部分文献研究内容集中在直播网络技术、网页功能、用户行为及使用动机、平台系统、直播社群、隐私安全和教育等方面。

2.3.2　国内公共文化直播服务相关文献

当前,我国学者们也开始研究网络直播的传播现象及对传统媒体所带来的机遇与挑战。本书以“公共文化直播供给模式”和“文化直播供给模式”两个主题词在中国知网上进行检索,但相关文献较少,说明我国学者单独对公共文化直播服务的关注度并不高。由于公共文化直播服务属于公共文化服务的一部分,因此,本书以“公共文化供给模式”作为主题词在中国知网上进行检索。截至 2020 年 4 月,共检索到以“公共文化供给模式”为主题词的文献 255 篇。除检索的主题词以外,出现频率较高的主题词还有“农村公共文化服务”“公共文化服务体系”“供给主体”“供给侧结构性改革”等。

同时,本书以“网络直播”“互联网直播”“网络视频直播”“公共文化直播”“文化直播”“移动直播”为主题词在中国知网上进行检索。截至 2020 年 3 月,共检索到以“网络直播”为主题词的文献 3 772 篇,以“互联网直播”为主题词的文献 1 912 篇,以“网络视频直播”为主题词的文献 463 篇,以“公共文化直播”为主题词的文献 27 篇,以“文化直播”为主题词的文献 1 278 篇,以“移动直播”为主题词的文献 1 927 篇。除检索的主题词以外,出现频率较高的主题词还有“直播平台”“短视频”“网络主播”“电视直播”“媒体融合”“广播”“卫星”等。可见,学者们对与网络直播相关内容的关注度较多集中在媒体融合、直播平台选择及网络主播等方面，对公共文化直播相关内容研究较少。

1. 公共文化服务供给模式

孔进分析得出，发达国家的公共文化服务供给模式主要分为三种类型：政府主导型、市场分散型和一臂之距公共文化服务供给模式，并指出对我国公共文化服务从战略、服务理念和管理方式等都有重要的借鉴意义[12]。

寇曦文将上海市嘉定区文化馆公共文化服务供给模式分为政府购买、文化共建、政府与企业合作和项目招标四个模式[13]。罗贤芳着重分析了政府购买公共文化服务模式[14]。他们认为我国当前需要建立符合用户多元化需求的供给制度，培育多元化公共文化服务主体，拓展多元化供给渠道，有助于提高公共文化服务的综合水平[13]。

庆海涛[15]、刘静和戚艳伟[16]指出了公共文化服务供给侧结构性改革的路径和方向：供给主体社会化、供给结构最优化、供给对象多元化、供给内容具象化[15]，同时建立公共文化服务供需平台、开拓融资通道及健全以群众满意为导向的绩效评估体系[16]。

苏超则提出基于“互联网＋”背景的公共数字文化服务，需要以人为核心，以需求为导向，须融合互联网线上线下服务，搭建立体结构云网[17]。

2. 公共文化直播服务涉及内容及领域

张智华、宋斌认为，当前网络直播内容的重要性开始凸显，各直播平台向垂直细分领域进发。他们将国内网络直播平台按使用场景分为泛娱乐平台、垂直类型平台和秀场直播平台三种，并提出了文化直播、公益直播和政府直播等专业内容生产“直播 + ”模式[8]。

民俗文化和非遗文化是当前较为主流的公共文化直播主题。陈凯、王昌军以海南民俗文化为视角，认为网络直播需要结合现有公共文化机构社会资源制定相应推广策略[18]。江凌、严雯嘉则以四川省凉山州为例，移动直播传播“悬崖村”文化，使公众能对其少数民族文化有所了解，进而产生认同，并对当地青年的文化实践有着积极意义[19]。李瑛、王恩豪以《虎牙 · 湖南》为例，从构建文化空间、互动参与、文化象征符号等方面对湖南文化的网络直播进行分析[20]。王文权、于凤静认为，政府应在非遗文化直播中发挥规划师、培训师、助力者和评估师的作用[21]。李翔认为，网络直播与非遗文化的结合为其传播提供了丰富的资源，将现场感和网友互动有机结合融入年轻人的文化生活中[22]。同样，体育赛事也是较早应用直播形式的领域之一。孙金蓉、闵捷认为，体育赛事的直播渠道、用户交流与讨论、赛事数据分析等功能都在直播平台上一同实现，有利于受众之间及受众与直播方之间的距离被拉近，这种多元化、高互动 UGC 媒介参与模式增强了用户黏性[23]。

博物馆的网络直播也是当前热门的话题。白莹将博物馆的网络直播内容分为展陈讲解直播、学术讲座直播和其他活动直播，并对博物馆开展网络直播的创新方式给予积极评价[24]。刘洋认为，网络直播有助于在更广大的范围内传播图书馆优质资源，有助于图书馆服务模式的创新[25]。

兰荣亨、胡雨晗等对直播中精彩片段的自动化识别进行了研究，通过分析观众的发弹幕与送礼物行为，提出了基于直播间弹幕数量时间序列和礼物价值时间序列的精彩片段自动化检测方法[26]。

3. 公共文化直播服务提供渠道

从公共文化直播服务的提供渠道来看，刘洋认为公共文化服务可以通过微信直播、官网直播和第三方网络直播平台直播[25]，包括斗鱼、战旗等游戏直播，哔哩哔哩弹幕直播，六间房等秀场直播[27]。各领域的网络直播都在移动端开展得如火如荼[27]。移动端直播具有移动性、广泛受众、个性化内容和多种交互形式的优点[19]。

4. 公共文化直播用户行为研究

Jie Deng、Felix Cuadrado 和 Gareth Tyson 等将网络直播中的用户分为两类：主播和观看者。主播是在直播平台上进行直播的人或是开启直播的组织机构，而观看者是观看直播的人[28]。

在“互联网＋”背景下的传播模式应准确了解和把握大众、粉丝、用户这些受众的互动偏好，这是推动公共文化直播发展的前提和关键[29]。刘静、彭霜认为，公共文化网络直播具有很强的互动性，这种互动性不仅提升了用户的观看质量，还增强了用户的专注度和忠诚度[30]。王晰巍、刘伟利等研究发现，对网络直播 App 用户使用意愿影响最大的是感知交互性，其次是用户感知价值[31]。

从观看者的观看时段来看，Mehdi Kaytoue、Arlei R.Silva、Loïc Cerf 等在研究观看者人数变化特征和分布情况时发现，周末的观看人数比平时要多[32]，少数的直播视频占据了大部分观众流量[33]，白天直播相比于晚上直播影响较小[34]。

Joseph Seering、Robert E. Kraut 和 Laura Dabbish 则分析了观看者持续观看行为，他们发现，观看者持续观看意愿与观众对主播和社群的认同呈正相关。观众对主播的认同感与和主播的交互经验、真实的自我一致性、理想的自我一致性呈正相关；而观众对社群的认同感，与自身参与社群的行为、与其他参与用户的认知程度、自身的行为可以影响他人等呈正相关[35]。

Pascal Lessel、Michael Mauderer 和 Christian Wolff 等研究了观看者的评论对直播内容的影响，他们发现，一般只有主播采纳观看者的建议时才会发挥作用。直播平台和主播也应向观看者提供更多的参与方式，以提升观看者的参与度和用户体验[36]。

5. 公共文化直播服务用户使用动机

网络直播能让观看者看到远处发生的事情，给用户带来沉浸式体验。其信息的实时性及交互性是用户使用直播的重要原因之一[37]。

杨刚等则以东北三省本科在校生为调研对象，阐述了网络直播和用户信息行为之间的关系，又从用户的信息需求动机入手，归纳了网络直播引导下用户信息行为特征的规律，并发现趋同效应、主播效应、模仿成本、观后时间对用户信息行为产生明显影响[38]。马志浩等通过研究网络直播用户的持续使用行为及主观幸福感发现，现阶段人们使用网络直播平台的外部动力是便捷高效的技术，而内部动力来自直播主播的吸引[39]。

2.3.3 我国公共文化直播服务存在的问题研究

1. 网络直播设备及技术较差

白莹、胡磊指出，由于公共文化直播的拍摄设备门槛较低，直播画面清晰度低、画面卡顿不流畅等设备技术问题在直播过程中普遍存在，导致公众观看体验较差[24, 40]。

2. 时间安排问题

白莹认为，公共文化直播的实时互动是吸引公众的重要内容之一，但多数安排在工作时间的直播无法保证直播的观看数和互动热度[24]。

3. 公共文化直播服务内容建设问题

公共文化直播不仅是一种表现形式，而且是用户获取信息、满足需求的重要途径[25]。李翔指出，由于非遗文化的属性差异导致部分非遗文化难以全面推进“直播＋”[22]。王文权、于凤静和李翔指出，网络直播会使非遗文化信息内容碎片化和娱乐化，产生模糊性和偏向性，影响完整的文化内涵表达和传播，导致非遗文化自身所蕴含的人文特色、深厚历史及文化信息不同程度的缺失，也会导致公众对非遗文化产生误解[21, 22]。而非遗直播的利益倾向会给非遗的公益性和传播的持久性带来一定损害[21]。

4. 公共文化直播服务价值提升

李翔认为，当前直播中对于非遗技艺及物质产品介绍售卖居多，存在功利性的市场化传播，缺乏对非遗项目中工匠精神的挖掘[22]。

5. 公共文化直播服务内容监管困难

网络直播存在着众多监管方面的缺失，会加剧社会不稳定的风险[27]。李瑛、王恩豪认为，当前公共文化直播过程中部分主播的违规行为和公众的弹幕、发言难以监管，人工审核信息流管控力度有限[20]。

6. 公共文化直播服务主播培养

李瑛、王恩豪指出，当前由公共文化机构开设的直播缺乏熟谙直播技巧的网络主播，无法将优质的公共文化内容与直播形式完美结合[20]。

2.3.4 我国公共文化直播服务发展对策研究

1. 提升公共文化直播网络及设备质量

白莹、胡磊建议，公共文化直播应先优化直播硬件设备，尽量使用像素高、兼容性强的拍摄设备进行直播，通过调整摄像角度等方法呈现最佳效果。其次，使用无线、4G/5G、有线等多种网络，以确保直播画面效果[24, 40]。

2. 改进公共文化直播时间安排

白莹认为，当前公共文化机构在直播时间上的安排欠妥，建议除学术讲座、会议及开幕式等限定时间的直播外，可以将其他类型的公共文化直播安排在晚间黄金时段[24]。

3. 加强公共文化直播服务内容建设，提升公共文化价值

刘洋、白莹和项杨春认为，应加强直播内容系统性的规划设计，在直播形式上有所创新，锻造特色栏目，通过多元化和差异化的内容吸引用户及粉丝的关注，形成长效机制[24, 25, 41]。李翔提

出，非遗直播是工匠精神传播的窗口，要利用视觉化的手段，展现非遗传承人的“匠人精神”[22]。刘洋也认为，依托丰富且有价值的公共文化内容，原有的直播娱乐价值将拓展为教育价值、社交价值[25]。

4. 加强公共文化直播服务内容监管

公共文化直播服务中的非遗网络直播在缺少监管的情况下容易造成内容的随意性和无序化，在非遗传播内容和导向方面失当，甚至触碰意识形态禁区[21]。李瑛、王恩豪提出，AI在甄别网络信息，“把关”网络信息流方面的优势逐渐凸显，将成为未来网络信息把关体系中的有力工具[20]。胡磊建议相关部门可以以网络集群舆情监测为入手点，以社会网络集群为主体，逐步完善网络直播集群舆情监测应对机制。通过政府、社会群体、网络直播行业的协同合作[40]，并建立违规网络直播平台和违规主播警示名单及黑名单制度[27]，为公共文化网络直播健康、可持续发展提供条件[40]。

5. 大力培养公共文化直播服务主播人群

李瑛、王恩豪认为，需要培养一批精通区域文化传播和直播形式的文化类主播，使区域的优秀文化与直播形式更加无缝对接，达到更好的传播效果[20]。

6. 将更多新技术持续融入公共文化直播服务

新的传播技术可以强化人们对匠人精神的体验，以强烈的代入感形成文化认同和自豪感[22]。刘洋、孙金蓉和闵捷认为，在未来应注重大数据、VR/AR、智能可穿戴设备等新技术的应用，在提升公众观看体验的同时收集用户行为习惯数据，为今后提供更优质的服务打下基础[23, 25]。

2.3.5 文献简要评述

从以上国内外公共文化直播服务的相关文献中可知，网络直播作为一种新媒体仍处于发展初期。但网络直播行业正随着新技术的发展及公众观看习惯的变化快速发展。

当前，我国公共文化服务已不单单是由政府作为供给主体。公共文化服务的创新供给模式也为提升公共文化服务的质量打下了坚实基础，逐渐以多元供给主体，使多种社会力量参与到文化产品供给中，构建开放多元的公共文化服务供给模式。

同时，我国对公共文化直播服务的研究大多关注在第三方网络直播平台，较少关注公共文化云等政府平台中提供的网络直播服务。我国公众大多从政府相关平台内获取直播服务，但从网络技术、内容设置等各方面相较于第三方网络直播平台有较大差异。因此，如何将成熟的第三方网络直播平台与政府公共文化平台相结合，满足公众多元的公共文化需求，是推动公共文化直播服务的普及化、常态化发展，发挥社会效益，扩大社会影响力的有利契机。

第 3 章 上海市公共文化直播服务现状调研

为了有针对性地对上海市公共文化直播服务进行分析，本书通过问卷调查的方式，于 2020 年 4 月在上海市范围内对已观看过公共文化直播服务的人群进行了调研。共发放问卷 210 份，回收 208 份，回收率为 99.05%。其中，有效问卷 208 份，有效率为 100%。

在本次调查问卷的三个方面中，公共文化直播服务整体服务满意度是为了了解公众对于直播服务的各方面满意度情况及今后的使用意愿；直播服务的使用情况从直播内容供给主体、直播技术供给主体、直播内容供给渠道、直播内容供给类型和直播平台互动功能等方面进行针对性调研；基本信息主要了解观看公共文化直播的人群年龄和性别分布。

3.1 调查对象基本信息

在问卷调查对象中，男性有 105 人，占比 50.48%；女性有 103 人，占比 49.52%。从中可以看出，被调研者样本群体在性别上没有显著差别（图 3-1）。

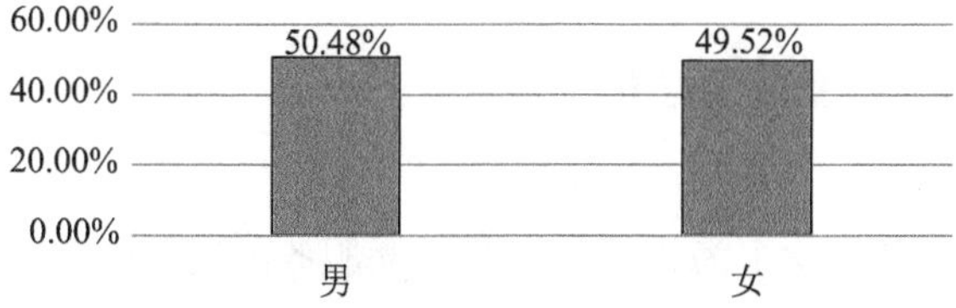

图 3-1　上海市公共文化直播服务样本群体性别结构

从年龄结构上来看，18 岁以下有 43 人，占比 20.67%；18～29 岁 61 人，占比 29.33%；30～39 岁 64 人，占比 30.77%；40～49 岁 22 人，占比 10.57%；50～59 岁 12 人，占比 5.77%；60 岁及以上 6 人，占比 2.89%(图 3-2)。

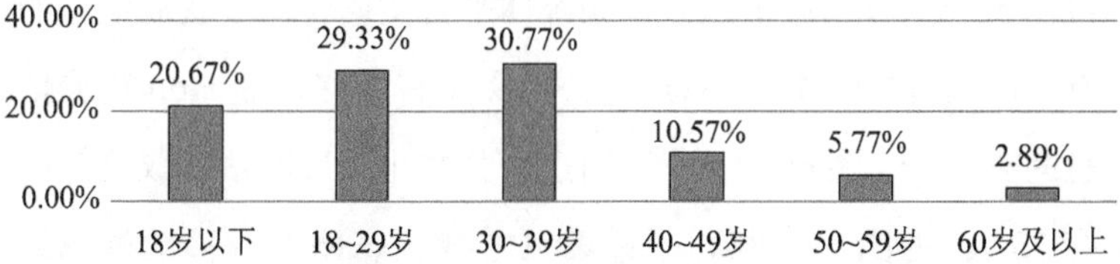

图 3-2　上海市公共文化直播服务受众群体年龄结构

从中可以看出，上海市公共文化直播服务的受众群体聚集在 18～39 岁，占总调研人数的 60.10%，直播受众群体呈现年轻化现象。这很大程度上是由于年轻人对新鲜事物的接受程度较高，对手机等电子产品学习能力强。而 40 岁以上人群对手机等电子产品学习能力较弱，使其无法很好接受公共文化直播服务的内容。

3.2 调查数据分析

本书从此次上海市公共文化直播服务的调查问卷中获取了以下信息和结论。

3.2.1 直播服务的使用情况

1. 直播服务获取渠道

通过公共文化官方微信公众号获取直播服务信息的有 146 人，占比 70.19%；通过朋友圈、朋友告知获取信息的有 115 人，占比 55.29%；通过第三方视频媒体平台微信公众号获取信息的有 107 人，占比 51.44%；通过公共文化官方移动端 App 获取信息的有 91 人，占比 43.75%；通过公共文化官方网站获取信息的有 78 人，占比 37.50%；通过第三方视频媒体平台移动端 App 获取信息的有 69 人，占比 33.17%；通过户外宣传、广告、海报等获取信息的有 67 人，占比 32.21%；通过第三方视频媒体平台官方网站获取信息的有 62 人，占比 29.81%；以其他渠道获取信息的有 17 人，占比 8.17%(图 3-3)。

从图 3-3 可知，受众对于公共文化直播服务的获取渠道以微信作为主要平台，其中包括微信公众号和朋友圈这两个主要渠道。这个现象产生的原因首先是年轻人对微信的依赖度较高，因此从微信中获取信息并进行传播便成了当前各类信息传播的主要方式。其次，当前各类公共文化服务机构都会将自身最新动态发布至微信公众号，以提升公共文化直播服务的受众

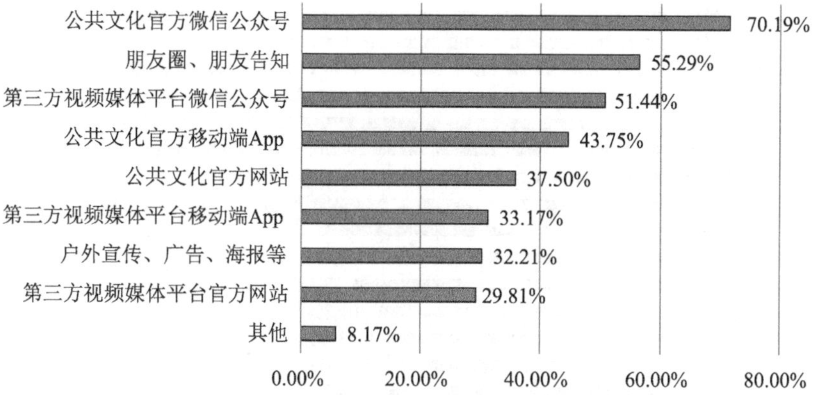

图 3-3　上海市公共文化直播服务获取渠道

群体的黏性。最后，鉴于移动端 App 和官方网站是以“观看”作为主要功能的平台，微信承担了信息传播的功能。

同时，受众倾向通过公共文化官方渠道获取直播服务信息。这表明受众对公共文化服务的认知大多停留在政府提供服务的层面，因此在搜索相关直播信息时会首先在政府官方渠道进行浏览。

2. 直播观看内容类型

在所有直播内容类型中，希望观看生活爱好、新闻媒体、科技/互联网类型的分别有 126 人、117 人和 106 人，占比分别为 60.58%、56.25%和 50.96%。而当前主流的非遗/文化艺术却只有 104 人选择，占比为 50.00%(图 3-4)。

同时，本书将被调查者的年龄与直播观看内容类型进行交叉分析。发现 18 岁以下人群对体育运动、教育和科技/互联网的直播内容有着明显偏好，分别占此类别的 28.89%、22.86%和

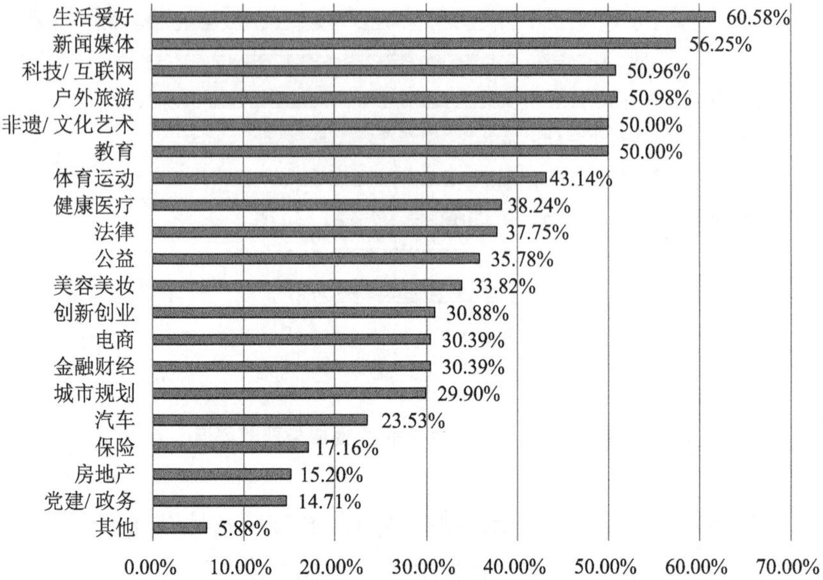

图 3-4 上海市公共文化直播观看内容类型选择

21.30%。18～29岁人群对美容美妆、党建/政务和金融财经有明显偏好，分别占此类别的40.00%、36.67%和35.48%；30～39岁人群对户外旅游、健康医疗和城市规划有明显偏好，分别占此类别的40.00%、39.24%和38.71%。40～49岁人群对保险、汽车和健康医疗有明显偏好，分别占此类别的17.14%、15.69%和15.19%。50～59岁人群对金融财经、法律和体育运动有明显偏好，分别占此类别的8.06%、7.79%和6.67%。60岁及以上人群对房地产、党建/政务和法律有明显偏好，分别占此类别的12.90%、6.67%和6.49%。

从以上数据分析可以看出，以非遗/文化艺术内容为主的公共文化直播服务并非受众群体的偏好类型。而生活爱好虽然在各年龄段中没有明显偏好，却是所有受众群体中选择数量最多的类型，这表明受众已经把公共文化和个人爱好的需求进行了深度关联，由于公共文化直播服务的公益性，使受众可以几乎不花成本获取与兴趣爱好相关的内容和服务。新闻媒体直播内容类型的公共文化直播服务的催生则是由于受 2020 年年初新冠疫情影响，“云监工”的直播形式让受众较快接受了通过网络直播获取实时新闻资讯。受众对科技/互联网直播内容类型的关注，则是由于当前正处于新一代信息科学技术发展的时代，因此公共文化直播服务所提供新鲜科技事物的信息资讯、活动体验倾向亲子体验，吸引了大批家庭关注及参与。

3. 直播观看平台

在此次调研中，有 128 人通过爱奇艺观看直播，占比61.54%；有 117 人通过哔哩哔哩观看直播，占比 56.25%；有 88 人通过央视频观看直播，占比 42.31%。通过公共文化云平台（如“文化上海云”）观看直播的人数有 73 人，占比35.10%（图3-5）。

从图 3-5 可以看出，爱奇艺和哔哩哔哩等主流第三方视频平台是被调研者的首选平台。一是由于大众已习惯于在主流第三方视频平台观看剧集、综艺等内容，因此原平台用户会直接导入至平台的直播栏目。二是由于当前观看公共文化直播的受众群体以 18～39 岁为主，也是主流第三方视频平台的主要受众群体。而公共文化云平台（如“文化上海云”）却并非受众群体倾向的观看平台。一是由于大部分公共文化云平台都有独立的移动端 App 和网站，因此受众如要观看直播必须多下载一个软件或者收藏网站，从用户体验上来说并不便利。二是由于受众所认

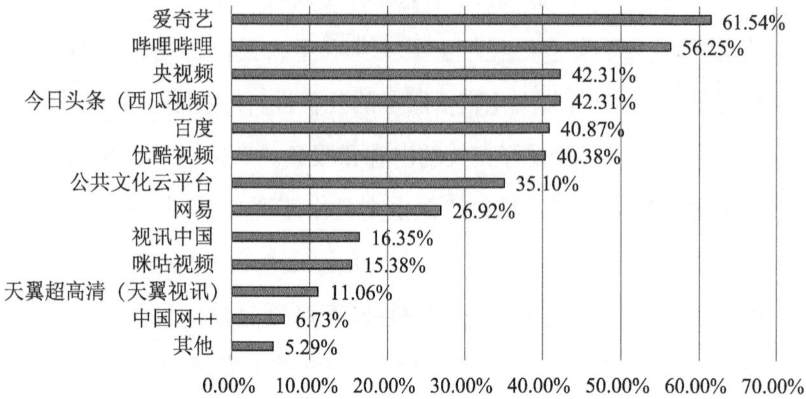

图 3-5　上海市公共文化直播观看平台选择

为的公共文化云平台的各项内容偏向非遗/文化艺术、党建/政务等方面，与自身感兴趣的内容契合度较低。这表明公共文化云平台的投放渠道未来仍有改进之处。

4. 直播互动功能

被调研者中，希望公共文化直播服务包括点赞、评论和弹幕互动功能的分别有 124 人、120 人和 114 人，分别占比 59.62%、57.69% 和 54.81%。而选择粉丝专属礼物、文档和粉丝团互动功能的仅有 40 人、34 人和 31 人，分别占比 19.23%、16.35% 和 14.90%（图 3-6）。

从图 3-6 可知，本次被调研者对基本的直播互动功能已经有了较高的接受程度，尤其是当前火热的“弹幕”功能。这是由于弹幕将主播与观看者、观看者与观看者有效地在直播中进行了密切连接，使观看者能及时与多方进行实时互动，提升了直播的趣味性、互动性及观看体验。同时，粉丝专属评论、粉丝专属

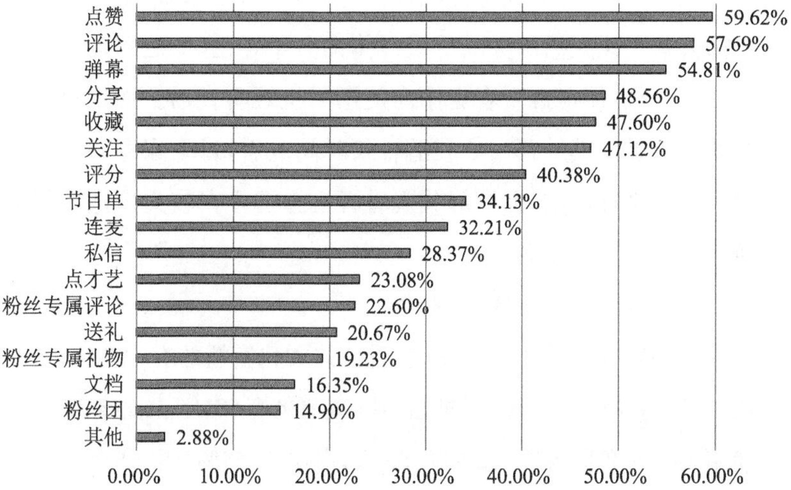

图 3-6　上海市公共文化直播互动功能偏好

礼物和粉丝团未受到被调研者的青睐。这是由于此类互动功能需要观看者对直播主体有着极高的忠诚度，大多出现在秀场直播或泛娱乐直播类型中，因此较不适合公共文化直播服务模式。

5. 直播观看设备

被调研者中，使用手机观看公共文化直播的有 191 人，占比 91.83%；使用平板电脑观看的有 94 人，占比 45.19%；使用台式电脑观看的有 88 人，占比 42.31%（图 3-7）。

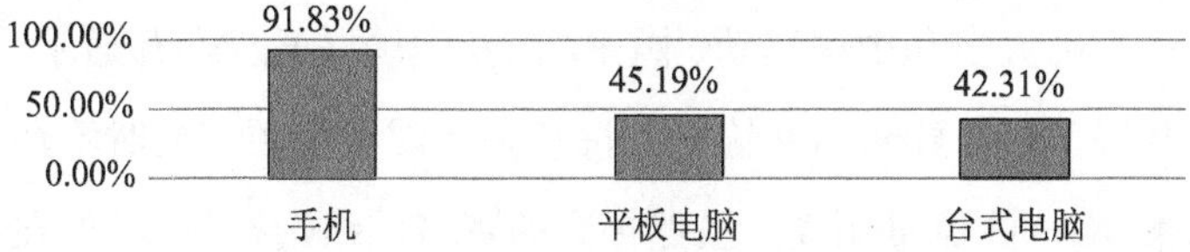

图 3-7　上海市公共文化直播观看设备偏好

从图 3-7 可知,大部分观看者使用手机观看直播,这是由于当前公共文化直播服务的受众群体偏向年轻化,加之移动网络的提速升级,使得观看者更倾向使用手机观看直播。而平板电脑的优势在于其屏幕尺寸较适合长时间观看,每个家庭几乎也都配备有平板电脑,因此部分观看者也会选择在较为舒适的场所使用平板电脑观看。

6. 观看直播时的网络环境

被调研者中,使用 Wi-Fi 观看公共文化直播的有 190 人,占比 91.35%;使用 4G/5G(手机)上网卡观看的有 93 人,占比44.71%;使用接线的宽带网络观看的有 68 人,占比 32.69%(图3-8)。

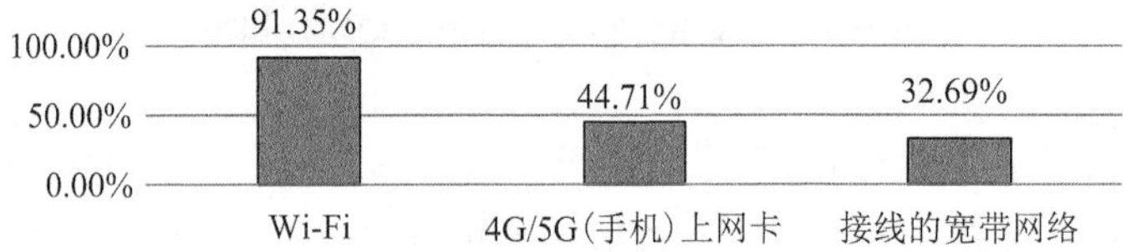

图 3-8 上海市公共文化直播观看时的网络环境

从图 3-8 可知,大部分被调研者在观看公共文化直播时处于 Wi-Fi 网络环境中。这是由于上海市公共区域已几乎达到了 Wi-Fi 全覆盖,可减少观看直播的流量成本。4G/5G(手机)上网卡虽然要购买移动网络供应商的流量套餐,但是第三方视频平台已大多和中国移动、中国电信及中国联通合作开通了“流量套餐”,包月购买后在第三方视频平台观看视频直播时不消耗原本 4G/5G 流量额度。虽然接线的宽带网络选择较少,但在办公场所、公共文化机构等公共区域的台式电脑大部分使用的是接线的宽带网络,有其存在的必要性。因此,公共文化直播服务需要在大力推进 5G 网络建设的环境下，为观看者提供更好的直播画面和流畅度。

7. 每周观看公共文化直播次数

被调研者中，每周观看公共文化直播 1～2 次的有 92 人，占比 44.23%；每周观看直播 3～5 次的有 81 人，占比 38.94%；每周观看直播 6～10 次的有 21 人，占比 10.10%；每周观看直播 11 次及以上的有 14 人，占比 6.73%（图 3-9）。

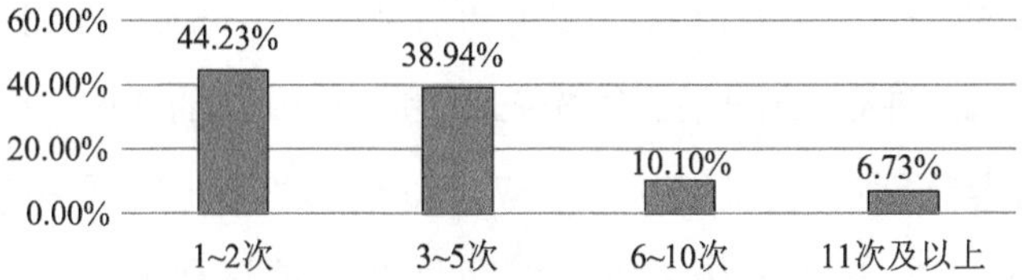

图 3-9　上海市公共文化直播每周观看次数

本书将被调研者性别与每周观看公共文化直播次数分别进行交叉分析。每周观看 1～2 次公共文化直播男性占比为 33.02%，女性占比为 55.88%。每周观看 3～5 次直播男性占比 46.23%，女性占比 31.37%。每周观看 6～10 次直播男性占比 10.38%，女性占比 9.80%。每周观看 11 次及以上直播男性占比 10.38%，女性占比 2.94%（图 3-10）。

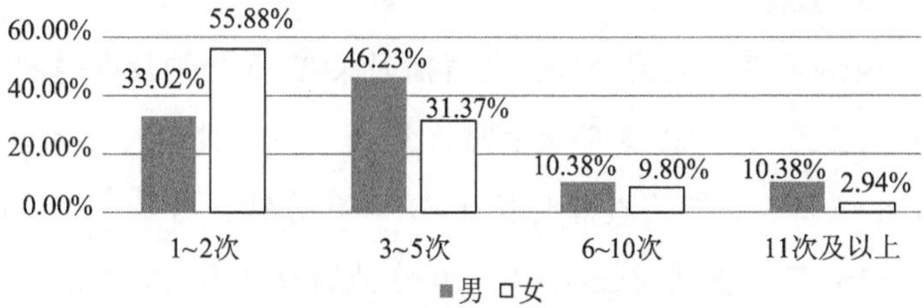

图 3-10　上海市公共文化直播每周观看次数(按性别)

同时，本书也将被调研者的年龄结构与每周观看公共文化直播次数分别进行交叉分析。每周观看1～2次、3～5次和6～10次的18岁以下被调研者占比分别为53.49%、32.56%和6.98%。每周观看1～2次、3～5次和6～10次的18～29岁被调研者占比分别为50.00%、38.33%和3.33%。每周观看1～2次、3～5次和6～10次的30～39岁被调研者占比分别为40.00%、35.38%和18.46%。每周观看1～2次、3～5次和6～10次的40～49岁被调研者占比分别为45.45%、40.91%和13.64%。每周观看1～2次、3～5次和6～10次的50～59岁被调研者分别占比25.00%、66.67%和8.33%。每周观看1～2次、3～5次和6～10次的60岁及以上被调研者分别占比0.00%、66.67%和0.00%(图3-11)。

由上述数据可知，大部分受众每周观看公共文化直播的次数为1～5次，其中男性相比女性观看次数更多。同时，18岁以下、18～29岁、30～39岁和40～49岁这四个年龄段的被调研者以每周观看1～2次直播居多，而50～59岁和60岁以上的被调研者以每周观看3～5次直播居多。这说明上海市的公共文化直播服务已基本满足受众的公共文化需求，形成了一定黏度。

8. 直播时长

被调研者中期望公共文化直播时长在15分钟及以内的有25人，占比12.02%。期望直播时长在16～30分钟的人有90人，占比43.27%。期望直播时长在31～60分钟的有75人，占比36.06%。期望直播时长在61～90分钟的有8人，占比3.85%。期望直播时长在90分钟以上的有10人，占比4.81%(图3-12)。

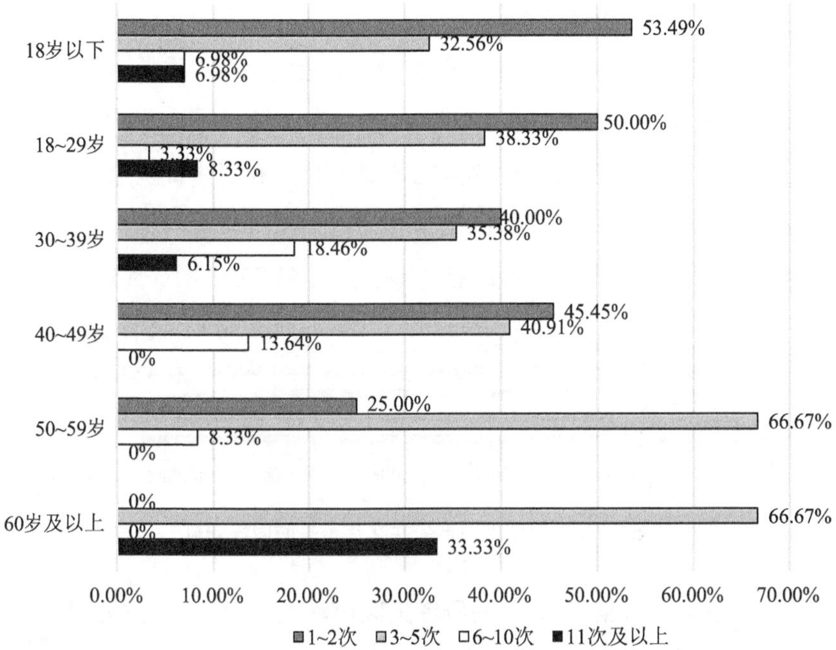

图 3-11　上海市公共文化直播每周观看次数(按年龄结构)

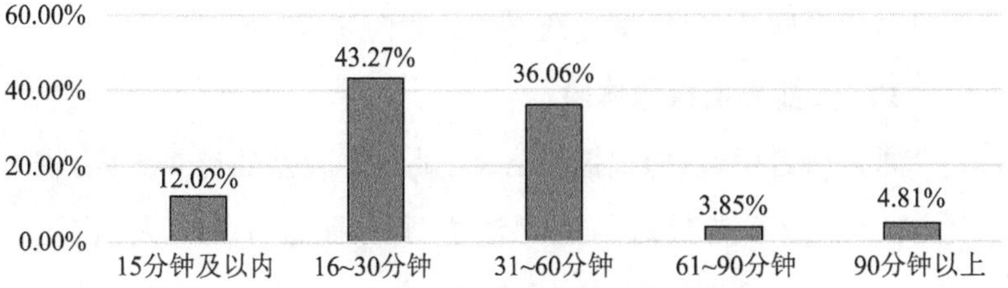

图 3-12　期望上海市公共文化直播时长安排

由图 3-12 可知,大部分被调研者期望公共文化直播时长在 16～60 分钟,占比 79.33%。显然受众普遍认为 60 分钟以内的公共文化直播较为适宜,说明受众对公共文化的直播形式、直播内容的整体认可度较好。

9. 直播时间段安排

被调研者中期望公共文化直播时间段安排在工作日白天和工作日晚上的分别有 12 人和 84 人，分别占比 5.77% 和 40.38%。期望直播时间段安排在双休日白天和双休日晚上的分别有 68 人和 93 人，分别占比 32.69%和 44.71%。不介意直播时间段安排，只要能回看的有 89 人，占比 42.79%（图 3-13）。

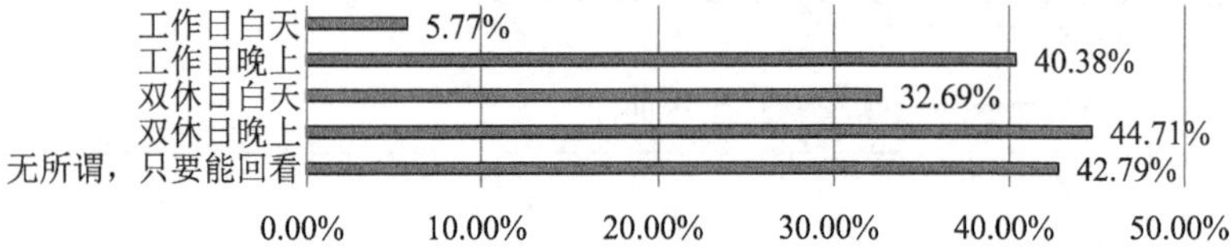

图 3-13 期望上海市公共文化直播时间段安排

从以上数据可知，被调研者更倾向晚上和双休日观看公共文化直播。同时在有直播回看功能的情况下，并不关注直播的时间段安排。显然如若上海市的公共文化直播想要达到最佳的互动效果和体验，宜根据受众群体的意向安排时间。

10. 直播界面操作体验

被调研者中，认为直播广告多、观看体验差的有 115 人，占比 55.29%。不满直播结束无法立即观看的有 110 人，占比 52.88%。找不到往期直播内容的有 96 人，占比 46.15%。认为直播界面复杂、容易误点击的有 76 人，占比 36.54%。认为视频插件版本要求高的有 47 人，占比 22.60%。互动功能不知道如何使用的有 42 人，占比 20.19%（图 3-14）。

从以上数据可知，影响观看者界面操作的体验以广告多、直播结束无法立刻回看和找不到往期直播内容为主，说明各个平

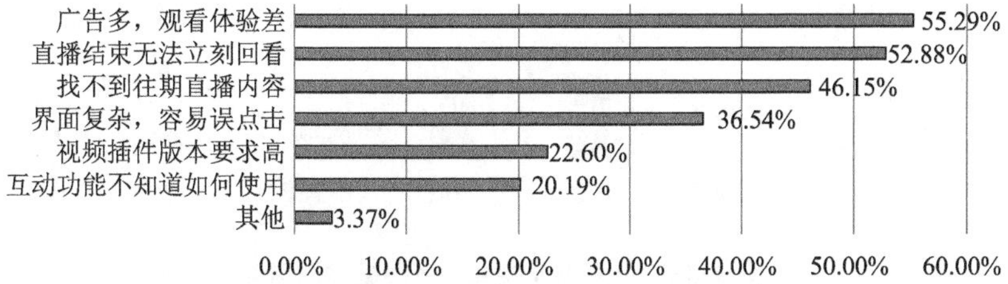

图 3-14　上海市公共文化直播界面操作困难分类

台在以上三方面都有一定的共性问题需要改进。广告多的原因主要是由于提供公共文化直播服务的第三方视频网站大多以营利为目的,在提供直播服务的同时会在直播前、直播中和直播后投放广告主的广告,使得公共文化本身的公益性受到影响。大部分公共文化直播服务无法立刻回看,这一方面是因为部分网络直播的回看需要进行视频剪辑后再上传至平台;另一方面是希望通过无回看的做法,让受众可以更加积极地参与直播活动。而直播往期内容的缺失大多是由于平台建设初期尚未考虑到分类筛选机制,抑或是没有建立系列合集。因此受众在搜索公共文化往期直播内容时,会因视频数量过多而无从查起。

3.2.2　直播服务整体满意度及使用意愿

1. 直播服务整体满意度

被调研者中,选择很满意的有 29 人,占比 13.94%;选择满意的有 124 人,占比 59.62%;选择一般的有 50 人,占比 24.04%;选择不满意的有 2 人,占比 0.96%;选择很不满意的有 3 人,占比 1.44%(图 3-15)。

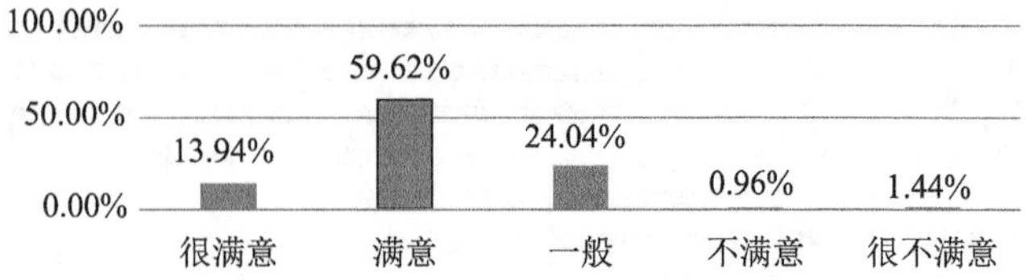

图 3-15　上海市公共文化直播整体满意度

同时,将上海市公共文化整体满意度与直播界面操作困难的各方面进行交叉分析,得到的分析数据如图 3-16 所示。

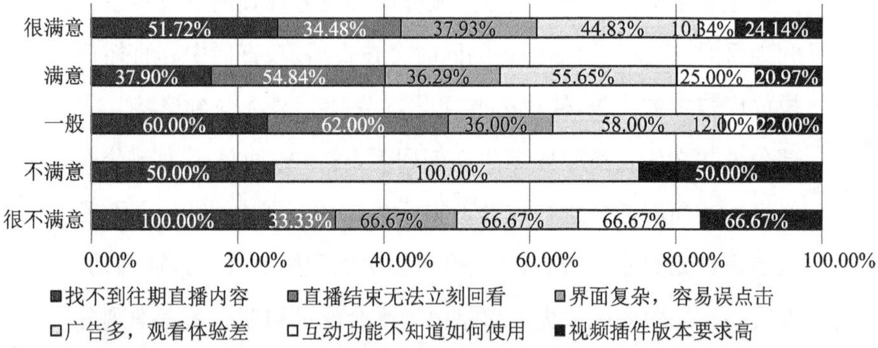

图 3-16　上海市公共文化直播整体满意度与直播界面操作体验交叉分析

由上述数据可知,对当前上海市公共文化直播整体服务很满意、满意的被调查者中,多数认为“找不到往期内容”“直播结束无法立刻回看”和“广告多,观看体验差”这三方面尚需改进。而对当前上海市公共文化直播整体服务一般、不满意和很不满意的被调查者中,多数认为“找不到往期内容”“广告多,观看体验差”和“视频插件版本要求高”这三方面尚待改进。其中,“视频插件版本要求高”直接影响到直播是否可以及时观看。

2. 直播各项服务评价

被调研者对上海公共文化直播服务的“主题表述清晰”“内容分类清晰”和“界面简洁易操作”这三方面评价为很满意和满意，平均分分别为 4.07、4.00 和 3.96，其很满意和满意分别占比 84.61%、74.52%和 71.63%。而对“时间安排合适”“直播时长恰当”“内容覆盖面广”和“互动功能多样”这四方面评价多为一般、不满意和很不满意，平均分为 3.63、3.77、3.87 和 3.87，其一般、不满意和很不满意分别占比 42.79%、37.01%、34.61%和 34.61%（图 3-17）。

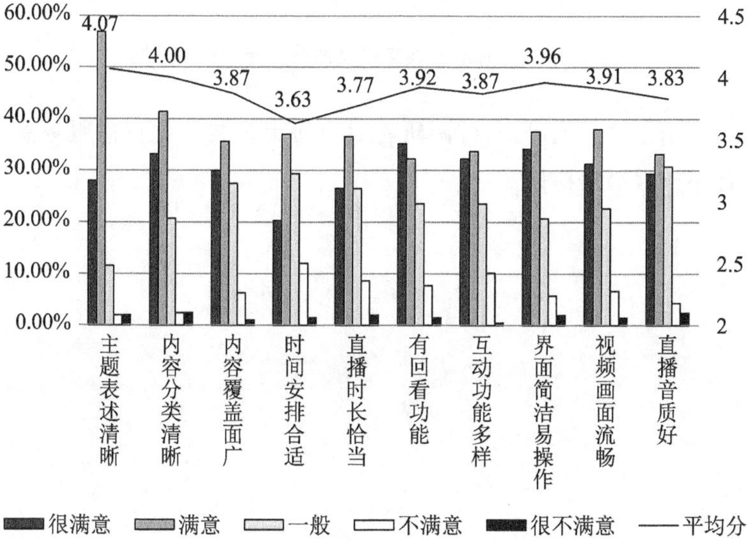

图 3-17　上海市公共文化直播各项服务评价

由上述数据可知，此次被调研者对上海市公共文化直播各项服务评价较好，但仍有改进提升空间。

3. 公共文化直播服务的使用意愿

被调研者很愿意和愿意继续使用上海公共文化直播服务的分别有73人和112人，分别占比35.10%和53.85%。一般、不愿意和很不愿意继续使用公共文化直播服务的分别有19人、0人和4人，分别占比9.13%、0.00%和1.92%（图3-18）。

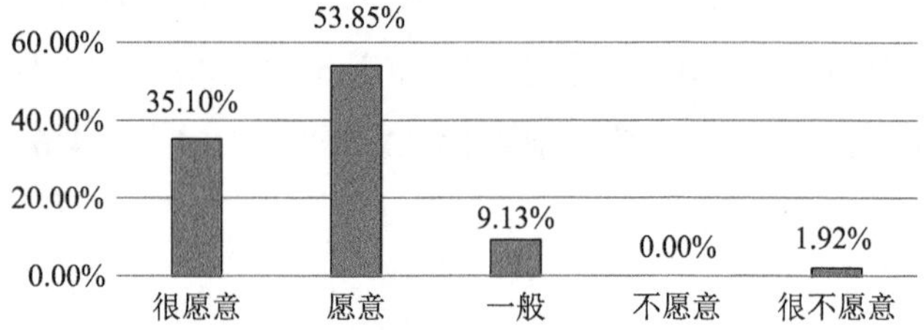

图3-18 上海市公共文化直播服务持续使用意愿

由上述数据可知，被调研者对上海市公共文化直播服务总体上愿意继续使用。

第 4 章 上海市公共文化直播服务供给模式分析

2019 年上半年，各大直播平台通过拓展内容生态，积极推动“直播 + ”布局，与电竞、综艺、文化、旅游、教育等产业相结合，努力构建多元化、差异化、高品质的直播生态体系。网民各类应用使用时长中，网络直播占比 4.3%，排名第八。短视频类 App 应用时段在 12 点和 21 点出现峰值[42]。根据相关文献和网络资料的检索，我国公共文化直播服务主要的提供平台集中在国家及各地的公共文化云中。同时，随着社会力量参与公共文化服务，以第三方网络直播平台为依托的公共文化直播服务也进入公众视野。

多种供给模式的出现虽然一定程度上激发了社会力量参与公共事务的积极性，较多地满足了公众公共文化需求，但正由于公共文化直播多元供给主体的参与，也产生了一系列的问题。

4.1 上海市公共文化直播服务供给模式

本书结合文献资料、新公共服务理论和公共产品理论，将从直播内容供给主体、直播技术供给主体、直播内容供给渠道、直播内容供给类型和直播平台互动功能这五个方面对当前上海市的公共文化直播服务供给模式进行分析。

4.1.1 直播内容供给主体

公共文化直播内容一般由直播活动的发起单位和承办单位共同实施落地。政府相关机构一般承担公共文化活动的发起和直播内容供给的职责，而具有丰富公共文化资源的文化机构和文化团体主要承担直播内容供给的职责。

以公共文化直播服务作为准公共产品，当前上海市公共文化直播内容供给主体已从单一的政府、公共文化机构和文化团体倾向由社会力量参与的多元供给主体。各种具有特色的社会力量都为上海市公共文化直播提供了更加多样、有趣、吸引当前公众偏好的内容。

同样，直播内容供给主体的服务对象是公众。因此，只有充分让公众表达自身需求，让“公众参与”渗透至直播内容供给的前端，才能使直播内容切实满足公众的公共文化需求，实现服务型政府的建设目标。

4.1.2 直播技术供给主体

公共文化直播服务的顺利开展，离不开网络直播平台的有效建设。随着新一代信息技术的快速发展，市场上有诸多的网络直播平台，各类活动都可以用网络直播的形式将现场内容实时传递给公众。公众逐渐对网络直播画面的流畅度、清晰度等方面有着较高的要求，这也是各大网络视频技术服务商未来发展的重点。公共文化直播服务作为满足公众基本文化需求的方式之一，有必要选择拥有一定软技术实力的第三方视频技术合作方。

从公共产品理论来说，作为纯公共产品的所有4G/5G无线网络都是由几大通信服务商提供的。从4G/5G这方面来说，虽然社会力量无法作为供给主体，但它们却能开发适应各类直播应用场景的网络直播软硬件系统和设备。

可见基于新公共服务理论，政府在直播技术供给中承担了较为复杂的角色，既要保证网络基础建设能够满足直播要求，也要把控直播系统平台的建设，以此实现公共利益，而社会力量主要在直播软硬件系统和设备上能及时响应公众需求，二者相辅相成。

同时，面对当前网络直播的门槛低、场景可变性大的现状，各类直播主体会使用不同的直播系统和技术进行网络直播。主要有以下三种模式：

1. 网络直播平台＋移动端设备

网络直播平台+移动端设备的方式是由于智能手机的全民普及和移动网络的发展所应运而生的。任何人可以使用移动端或简单的拍摄设备，在直播平台上进行网络直播。

此种方式简单、快捷、成本低，不需要专业知识即可上手。但是由于使用的大多为非专业拍摄设备，且网络直播平台同时间段直播用户流量较大，在部分直播集中时间段容易出现画面卡顿、不清晰等情况，因此只适用于小型、私人活动直播。

2. 网络直播整合系统服务平台+移动导播一体机

移动导播一体机通过接入网络直播云系统，形成软件+硬件的一体化组合。网络直播云系统解决方案可以接入移动导播一体机的视频音频信号源，实现配置云导播台、直播互动等功能。移动导播一体机则是一个集成度高，体积小的视频合成和切换的流媒体直播系统，可以进行现场视频制作并直接发布至互联网。网络信号根据现场条件进行有线和无线方式选择，无固定网络信号时，将通过4G/5G多卡无线网络聚合的方式确保信号稳定。

此方式具有人员配置少、设备少、搭建迅速的特点。但是系统中未设有内部通话系统，在大型活动场景中需要依靠第三方通话设备实现工作人员频繁的通信需求[50]。

3. 网络直播平台整体解决方案

部分直播平台在提供基本软件系统服务的同时，需要使用其指定的专业设备进行网络直播。直播系统可以提供视频与图文共同直播的功能，系统可自动对拍摄画面和照片进行修片。网络信号也需要随着场地的情况接入有线或者4G/5G信号。

此方式具有视频+图文直播一体化的特点，但是总体功能上着重于图片直播，没有配备视频导播台、视频现场合成、切换等功能。同时，拍摄硬件自主性弱，与其他品牌的设备兼容性不强，因此对直播要求较高的活动局限性较大，较适合与网络直播平台整体解决方案进行长期合作。

同时，直播主体除了关注网络直播的软硬件系统的传统直播功能是否符合自身要求外，在大数据的影响下也希望部分平台能在直播结束时可以导出相关直播数据，并提供如用户画像、词云图等基础的数据分析服务。这样，直播主体可以看到实时回流数据，进而在直播时可以及时调整拍摄角度、拍摄进程、宣传推广等内容。

4.1.3　直播内容供给渠道

公共文化直播服务的供给渠道可以分为引流渠道、观看渠道及引流 + 观看渠道。本书对主要直播内容供给渠道进行了调研，并对相关数据进行了梳理归纳(表 4-1)。

表 4-1　　直播内容供给渠道类型分类

供给渠道类型	解释	典型渠道
引流渠道	公众主要通过此渠道提供的推广宣传信息进而转至直播平台观看直播	微信公众号、微博
观看渠道	公众主要通过此渠道观看直播视频	移动端 App、网站
引流 + 观看渠道	公众可以通过点击此渠道的推广宣传页面、广告、弹窗等，跳转站内页面观看直播视频	移动端 App、网站、微网站

从公共产品理论上来说，移动端 App、网站和微信公众号直播内容供给渠道属于准公共产品，具备有限的非竞争性和有限的非排他性。因此，各渠道都会发挥各自优势，加大推广宣传力度，以获取更多公众的关注。

同时，基于新公共服务理论，政府首先需要做的就是在公共文化和公众之间搭建信息获取的桥梁。因此，为了能让公众便捷地获取公共文化服务，有必要在多个渠道内根据直播内容有针对性地进行宣传。在官方渠道内有意识地宣传直播内容，可以营造良好的公共文化氛围。

从引流渠道上来看，微信公众号和微博的推文早已成为公共文化机构、文化团体推广宣传直播内容的主要手段之一。由于这两类平台具有极强的社交属性，加之公众早已习惯从其中获取最新的社会消息，因此，作为潜在观看者的“蓄水池”，较适合成为公共文化直播服务的主要引流渠道。

从观看渠道上来看，当前所有提供直播视频观看服务的平台都建设了移动端 App、网站，或者二者兼具。同时，由于我国网络建设和智能移动设备（手机、平板电脑等）的普及，移动端 App 是当前公众观看公共文化直播较常见的渠道。

从引流 + 观看渠道上来看，由于以市场化为导向的第三方网络视频平台已有固定的用户流量，这些平台则会将“引流”与“观看”同时植入平台中。平台通过移动端 App 和网站首页广告位、弹窗等方式增加直播曝光度，进而从平台直接转化流量。同时，微网站的出现是为了适应公众在移动端观看网页而出现的自适应技术显示方式，在完成引流 + 观看的功能之上，可以提升公众在移动端的用户体验。

4.1.4 直播内容供给类型

由于公共文化直播内容涉及领域较广，本书对全国公共文化云平台（附录 A）及各类第三方视频网站公共文化直播内容类型进行了分类，包括党建/政务、非遗/文化艺术、教育、电商、金融财经、科技/互联网、创新创业、健康医疗、城市规划、汽车、体育运动、生活爱好、户外旅游、公益、法律、保险、房地产、新闻媒体、美容美妆 19 个大类。可见当前公共文化直播内容的供给类型早已不局限于传统意义上的文艺展演，涉及领域的延伸能更好地契合不同年龄层次公众的偏好需求。

从新公共服务理论来说，为了更好地满足公众需求，实现公共利益，必须将原有以非遗/文化艺术为主的直播内容供给类型进行拓展，将“公众参与”融入直播内容供给类型的各环节中，以适应当前公众差异化、多样化的诉求。

4.1.5　直播平台互动功能

公共文化直播服务是直播 + 垂直领域中的分支之一。根据文献资料可知，网络直播中的用户可分为两类，即主播和观看者。

通过对当前主流网络直播平台进行调研，梳理了包括连麦、点才艺、私信、送礼、粉丝专属礼物/评论、弹幕、点赞、评论等在内的互动功能（表 4-2）。

表 4-2　网络直播平台互动功能汇总
（截至 2019 年 12 月 31 日）

直播互动功能	功能介绍
连麦	主播与观看者双方同时在麦序打开麦克风互动
点才艺	观看者通过弹幕、文字等方式让主播表演才艺，如唱歌、弹吉他等
私信	观看者通过直播平台后台的消息功能，私下单独给主播发送消息
送礼	观看者通过直播平台充值，或者平台赠送，给主播送出不同价值的虚拟道具，如平台代币、跑车、飞机等

（续表）

直播互动功能	功能介绍
粉丝团	根据观看者的累计送礼金额、关注主播时长等评价标准，从而成为忠实观众的团体
粉丝专属礼物/评论	进入粉丝团的观看者拥有特殊的评论字体特效、风格或特殊的礼物
弹幕	观看者在网络直播时发出的弹出式评论性字幕
点赞	观看者认可直播服务的内容和质量所给予肯定的功能
评论	观看者在直播时或结束后发表的文字感想
收藏	观看者在直播时或结束后对视频或直播间进行保存
评分	观看者在直播时或结束后对视频或直播间进行评分
关注	观看者在直播时或结束后对视频或直播间进行持续观看的功能
分享	观看者在直播时或结束后将视频或直播间的链接分发给其他公众
文档	观看者在直播时根据直播内容发送相应文档、图片
节目单	主播在直播前和直播时呈现直播时间和直播内容安排，或是观看者通过平台选择主播的待直播列表

互动功能作为主播与观看者，观看者与观看者的有效沟通桥梁，可以极大地促进双方的互动反馈效果，而各类实时互动功能也成了直播平台的最大特点及优势。直播平台互动功能对于政府和社会力量来说，都是为公众能够在直播过程中更直接地表达自身的情绪，产生多方良性互动的策略。直播内容供给渠道应根据自身平台特性和受众群体，植入最适合的互动功能。因此，本书根据以上功能介绍，从直播功能的实时互动性角度进行了分类（表 4-3）。

表 4-3　　网络直播平台互动功能分类
（截至 2019 年 12 月 31 日）

分类	实时互动功能							非实时互动功能							
直播互动功能	连麦	点才艺	弹幕	送礼	粉丝专属礼物	评论	粉丝专属评论	私信	点赞	收藏	评分	关注	分享	文档	粉丝团	节目单

弹幕、评论已成为当前泛娱乐网络直播平台的标准配置，覆盖了各大主流直播平台，也是当前受众能接受的互动功能。送礼、粉丝专属礼物和粉丝专属评论主要出现在垂直领域直播、秀场直播平台。而点才艺虽然与主播互动性较强，但在直播平台中却较少出现。同时，一部分互动功能专为“忠实观看者”即“粉丝”所设置。部分直播平台为粉丝量身打造了粉丝团、粉丝专属礼物和粉丝专属评论，使他们能区别于一般观看者，可以与主播更有效地互动。

4.2　上海市公共文化直播服务供给模式存在的问题

显然，公共文化直播服务的兴起一方面是由于信息技术的快速发展，使得网络、软硬件设备可以为公众提供多元、高效的体验和选择；另一方面则得益于我国正加快公共文化云平台的建设工作。但由于公共文化直播服务属于新兴模式，政府、市场和社会的供给模式尚不清晰，因此造成了理论与实践映照上的困难。

本书将以新公共服务理论和公共产品理论的内容，对上海市公共文化直播服务供给模式存在的问题进行以下三方面的分析。

4.2.1 从公共文化直播服务内容供给主体分析

1. 公共文化直播服务供给主体名称混乱

研究发现，众多公共文化供给主体在不同平台提供直播服务时，会使用不同主体名称。这使得公众使用某一主体名称在所有网络直播平台进行搜索观看时，无法顺利搜索到相关直播间和直播内容。

新公共服务理论中强调政府的职能是服务和非掌舵，政府人员不能为了完成任务而降低对公众的服务意识。当前，我国虽然通过政府、市场和社会为公众提供了众多公共文化直播服务，但是未考虑公众观看直播服务的使用情况，直播主体名称的混乱不仅会降低公共文化直播服务的供给效率，还会使公众将部分相似名称的第三方直播主体误认为公共文化直播服务供给主体，其直播内容质量不受政府监管。因此，政府在提供公共文化直播服务的同时，不仅是作为提供者，而且是作为监督者和管理者出现。

从公共产品理论的角度来说，由于公共文化直播服务涵盖的内容广泛，其非竞争性使得各方都可以成为直播供给主体，某些直播主体通过技术手段注册一致或相似的名称盗用直播链接，更有甚者通过这些相似的名称的直播主体开展非公共文化服务内容的直播。

因此，公众在众多相似名称中无法分辨真伪，会造成公共文化直播服务供给效率低下、公众直播观看体验差、公众对公共文化直播服务的满意度下降等负面影响。

2. 公共文化直播服务主播素质良莠不齐

当前公共文化直播服务的主播可以是个人、文化机构、第三方社会团体等。个人主播大多会通过强互动的方式与观看者进行密切交流，而文化机构和第三方社会团体等以活动作为直播内容的主体则较少进行直播互动。但总体上来说，无论主播是以个人还是团体提供公共文化直播服务，互动都是必备内容，也是吸引公众观看的主要因素之一。因此，主播的整体素质会直接影响到公众的观看及互动体验。

根据新公共服务理论，政府责任的复杂性使得其需要考虑公共文化直播服务的方方面面，尤其是直面公众的主播的选择。正是由于公共文化服务内容覆盖面广而全，因此更需要相关专业内容团队给予一定支撑。这种支撑可以从两方面来分析：一是垂直领域的专业素养。当前众多公共文化直播服务皆由公共文化机构（如博物馆、美术馆等）提供，工作人员对应的文化专业素养经过长期工作的浸润可以为公众提供可靠、权威的公共文化知识。但是在当前供给模式模糊的情况下，各类主体都可以开展直播服务，公共文化专业素养的参差不齐使得政府在提供直播服务的同时又要对社会力量的直播服务进行监管。二是直播领域的专业素养。公共文化直播服务作为垂直类直播，不仅需要过硬的公共文化知识、教育经验，还需要学习直播领域的主播技能。主播需要从言谈举止到互动交流等方面，以当前最吸引公众的表达方式呈现公共文化知识。这对传统公共文化机构的从业人员而言是一个挑战,反观诸多第三方网络直播平台的各类主播在直播领域的专业素养大多强于前者。因此,政府在提供公共服务的同时,要积极倾听公众的意见和建议。若只是关注普及公共文化,而忽略了公众对直播观看的情绪感受,则无法发挥直播平台在公共文化中的优势。

根据公共产品理论,公共文化服务作为准公共产品,可以由政府和社会力量同时提供。此时,公众将会选择最能吸引其观看的直播内容和形式。主播作为公共文化直播的介绍者,在较大程度上影响了公众观看直播的选择。公众在选择提供同类公共文化直播服务主体时,会从主播的语言表达、形体手势等方面产生不同偏好。这对熟悉直播行业、了解公众需求的第三方网络直播平台有着先天优势。因此,公共文化机构的专业从业人员如何与第三方网络直播平台主播优势进行有效结合,为公众提供高质量、有趣的公共文化直播服务是当前亟待解决的问题之一。

4.2.2 从公共文化直播服务供给内容分析

1. 公共文化直播服务供给内容与受众年龄群体不符

本书在对上海市公共文化直播服务调研时发现,公共文化直播服务的内容和类型倾向性严重,都偏向 50 岁及以上的年长者。这与较早前我国参与公共文化事业的群体有着很大的关系。根据中国互联网络信息中心发布的第 44 次《中国互联网络发展状况统计报告》显示,截至 2019 年 6 月,10～39 岁网民群体占网民整体的 65.1%，其中 20～29 岁网民群体占比最高，达 24.6%；40～49 岁网民群体占比为 17.3%；50 岁及以上网民群体占比为 13.6%；网络直播用户规模达 4.33 亿，占网民整体的 50.7%。据对上海市虹口区、长宁区、闵行区和松江区的调研统计，四区公共文化受众群体中，18～29 岁占 30.35%，30～39 岁占21.96%，40～49 岁占 13.57%，50 岁及以上占 15.65%[51]。虽然互联网持续向中高龄人群渗透，但是从整体来说，由于年长者接受和学习互联网的程度较慢，因此，在互联网上获取公共文化服务的公众年龄大多分布在 18～39 岁之间[51]。

根据新公共服务理论，政府必须把公众的各方利益都纳入考虑中。但是根据当前提供的公共文化直播内容来看，无论在直播形式还是类型方面，都倾向年长者的偏好。显然，政府在提供公共文化直播服务时并没有通过广泛的调研听取公众的意见和需求，使得公共文化直播服务供需造成了一定偏差。

根据公共产品理论，虽然当前社会力量已经加入了公共文化直播服务的供给体系中，但这种准公共产品仍然出现了上述“政府失灵”和“市场失灵”的情况，社会力量并未起到填补、纠正和调节的作用。同时，当公众出现“搭便车”的动机时，就会隐瞒自己的消费偏好，使得供需信息不对称。

2. 公共文化直播服务供给内容同质化严重

同时，在调研中本书也发现大部分公共文化直播服务的内容和类型是相同的，同质化现象严重。其中，非遗/文化艺术的相关展演占所有直播的半壁江山。虽然各个地区有自己的文化特色，但是仍无法跳出歌唱、舞蹈、乐器等表演的类型。

公众对公共文化的需求显然是根据年龄层次来划分的。根据新公共服务理论，现在提供的公共文化服务内容并未将“以人为本”的理念贯穿其中。同一个直播内容在同一平台上往往由不同直播主体各自发布。以“第十二届中国艺术节第十八届群星奖惠民演出”为例，相关直播不仅由虹口之星、杨浦之星、黄浦风采等市区级主体提供，还通过群星奖决赛(曲艺场)、群星奖决赛(戏曲场)等赛事主体提供。从首页浏览体验来看，过于同质化的直播内容需要向下滑动7～8次才能跳过，这使公众的用户体验大打折扣。

根据公共产品理论，虽然社会力量相比政府能提供更多元化的公共文化直播服务，但是整体公共文化直播服务内容仍聚焦在文化艺术领域。由于根据以往经验所开展的直播活动成本低、路径明确、资源获取便捷，即边际生产成本较少或为零，因此，众多公共文化直播服务为了完成当年的直播计划和绩效，选择了常用的直播内容和手段。如此，限制了公众获取更多公共文化直播服务，在这种情况下必然造成直播内容的同质化。

4.2.3 从公共文化直播服务供给平台分析

根据本书的研究发现，当前我国公共文化直播服务供给平台技术支撑不足。公共文化直播服务主要通过两种平台提供。一是由政府自建的公共文化平台。政府通过采购服务的形式招募第三方技术公司建设直播前端和后端平台系统。本书在使用了上述所有的直播供给平台系统后，发现除了关注度高、更新频率快的平台系统功能较为完善、网络稳定外，部分直播供给平台会出现网页失效、视频连接失败等情况。二是由第三方建立的网络直播视频网站。由于此类直播服务嫁接于以网络视频见长的平台系统，因此无论从页面响应速度、视频缓冲速度还是互动功能来说，都较为完备。但是由于第三方网络直播平台必须以营利为目的，因此会加入多种与公共文化不甚相符的互动功能（如送礼）。

根据新公共服务理论，政府若想要给予公众体验最好的公共文化直播服务，那么选择合适的供给平台是直播质量的有效保证。就上海而言，基于“文化上海云”的直播服务是由上海一家网络科技公司建设与运营的数字公共文化平台，但是其互动功能、界面体验都尚有欠缺。根据公共产品理论，由于直播平台的服务器和网络受到软硬件设备的限制，因此从某种情况来说，公众观看同一平台的直播人数越多，对平台系统的压力越大，使边际拥挤成本大于零，最终有可能造成直播掉线、公众无法进入直播链接的情况。因此，如何结合第三方网络直播平台的技术优势，满足公众直播观看需求，是当前政府需要探索的。

4.3 上海市公共文化直播服务供给模式对策及建议

公共文化直播服务的出现不仅是由于5G、互联网等新兴技术的快速发展而催生的产物，还是为了更好地满足公众日益多元化的公共文化需求。

根据以上关于公共文化直播服务的调研和问题分析，本书对上海公共文化直播服务供给模式提出以下建议：

4.3.1 通过社会力量参与弥补直播内容和直播技术不足

1. 提供多元化和差异化的公共文化直播内容供给

当前，公共文化直播服务内容同质化严重，不仅要满足公众日益增长的公共文化需求，还要考虑到各年龄层的不同诉求。政府和社会力量供给主体可以通过创新模式激发更新颖的直播内容。

首先，公共文化平台可以通过打造自制直播节目实现多元化和差异化的直播内容。公共文化机构可以将博物馆、科技馆中较为晦涩、枯燥的专业知识，通过故事性的方式激发公众产生兴趣；也可以根据当下的节日策划与之相关的主题直播节目，抑或是在直播中穿插有趣的互动小游戏。

其次，为不同年龄层次的人群提供适合的公共文化直播内容。公共文化直播内容需要按照各年龄层次使用时间、使用习惯、感兴趣的领域等进行综合调研。年轻人工作日白天需要上班，对户外旅游、美食较为感兴趣，因此直播的时间宜放在晚饭后的时段，并且将公共文化与年轻人感兴趣的领域进行有机关联。而对于年长者来说，其对广场舞、戏曲等内容比较感兴趣，并且在工作日白天较为活跃，因此面向年长者的公共文化直播宜在工作日白天开播。这样通过时间的交叉可以基本满足不同人群的需求，迎合其口味。

2. 积极运用创新技术满足公众体验

技术的不断发展和应用直接影响公共文化直播服务给予公

众的互动体验。而创新技术的应用是提升公众体验，为直播平台增加用户黏性的一条有效途径。

首先，AR/VR 技术得到了一定的发展，公共文化直播平台可以利用技术优势来让公众直接进入展厅场景，通过“身临其境”的方式，用户的互动体验得以升级。

其次，提供公共文化直播平台需要对网站、移动 App 等各类终端进行技术优化。由于公众的使用习惯和使用场景不尽相同，因此需要技术运营方及时更新各终端以满足不同群体的需求。

最后，公共文化直播平台可以与 4G/5G 网络运营商进行合作，推出免流量套餐。由于当前公众在移动端观看视频已成为习惯，各第三方视频平台早已开始与网络运营商合作，例如与中国移动、中国电信和中国联通三大运营商合作，皆有不同组合的免流量套餐可供选择，这就使随时随地看直播成为可能，解除了用户对于流量的顾虑。

4.3.2　统一公共文化直播服务内容供给主体名称

虽然当前上海市公共文化直播服务围绕“以民为本”的理念进行整体建设，但是在某些方面仍然忽略了公众作为直播服务受众的用户体验。其中，较为典型的即为直播服务内容供给主体名称混乱的问题。为了使公众能够便捷、快速、有效地获取公共文化直播服务，明晰省级和区级平台的从属关系，政府有必要率先统一公共文化直播服务在各渠道的内容供给主体名称。

4.3.3 培养适合的公共文化直播专业人员

不可否认,公共文化直播服务需要秉持内容的专业性、权威性原则,为公众提供高效、优质的服务。但是作为“公共文化服务”+“直播”的混合新模式,有必要培养一批既具有公共文化素养,又有直播行业“网感”的直播专业人员,他们会成为与公众互动的有效桥梁,也是保证直播成功的关键因素之一。因此,无论是政府还是社会力量,都要培养一批专业素养较高的直播从业人员,以承担与直播相关的工作。

首先,公共文化机构需要选拔一批具有“网感”的专业人员作为培养对象。一般而言,没有做过主播的专业人员在镜头面前会紧张、不自然,从而影响其对公共文化知识的传播,公众的观看体验也会下降。因此,通过公共文化机构的自身挖掘和培养,是选择合适主播的途径之一。

其次,社会力量需要招募一批具有公共文化知识背景的主播。公众来自各行各业,其中不乏相关专业人士观看公共文化直播,如若主播只会调节气氛,没有相应的公共文化知识和背景,就极易在直播中犯某些专业错误,使得直播主体在公众心目中的专业性和权威性下降。

第 5 章 “文化上海云”和“H 驿站”公共文化直播服务供给模式分析

为了能更好地分析上海市公共文化直播服务的不同供给模式，本书选择两个案例进行具体分析，为上述理论分析提供案例支撑。

5.1 “文化上海云”和“H 驿站”案例选择依据

为了更详尽地分析上海公共文化直播服务的供给模式现状，本书依照以下原则筛选案例进行对比分析。

5.1.1 直播服务平台基本属性一致

由于本书研究的是公共文化直播服务供给模式，除了直播服务平台需要提供以公共文化为主的内容，还需要选取服务地区、受众群体等平台基本属性相对一致的公共文化直播服务案例。因此所选取的案例必须是主要服务上海公众的公共文化直播服务平台。

5.1.2 直播服务供给模式较为清晰

在公共文化直播服务供给模式中，需要明确直播服务的“供给方”，包括直播内容供给主体和直播技术供给主体，明确相应的供给责任后才能有效地对案例进行对比分析。

5.1.3 直播服务供给模式较为主流

为了可以获得更多的文献资料或一手材料支撑本书研究分析，因此需要选取当前上海市应用较为主流、广泛的案例作为对比分析对象。

鉴于以上选择依据，本书选择“文化上海云”（包括“文化普陀云”）和“H驿站”公共文化直播服务供给模式作为案例进行对比。

5.2 “文化上海云”公共文化直播服务供给模式

作为上海公共文化服务数字化建设重大项目和重大文化惠民工程，“文化上海云”以大数据和信息网络技术为基础改进服务供给方式，整合文化服务活动资源，聚合分散于各地的服务受众，利用丰富多样的渠道实现均等化的供给，为民众提供合意的能满足其实际需求的服务和产品，为民众提供喜闻乐见、丰富多彩的公共文化服务。本节以“文化上海云”为例，深入分析其运行机制及成败得失，为推进公共文化服务供给创新提供借鉴。

5.2.1 建设背景

2014 年 9 月，上海市委、市政府在《上海市推进智慧城市建设行动计划(2014—2016)》中将“智慧文化”列入“活力上海”28 个建设重点专项之一，围绕受众对公共文化服务的需求，搭建“文化上海云”平台，整合全市文化展演、文化培训、非物质文化遗产保护等公共文化资源，为受众提供不受时间、地域限制的一站式服务，推行博物馆数字化。同时，鼓励社会力量提供各类可以满足受众需求的公共文化数字产品和服务[44]。

2015 年 4 月 17 日，上海市文广局发布《“文化上海云”建设三年行动计划》，提出至 2016 年年底，上海将完成“文化上海云”总平台硬件建设、数据资源库主体建设和门户建设。同月，上海市文广局向各区及有关市级文化单位印发的《关于推进“文化上海云”平台建设的通知》指出，必须加快推进“文化上海云”建设，切实落实《关于推进“文化上海云”区县子平台建设的工作方案》《关于推进“文化上海云”市级文化场馆子平台建设的工作方案》，以及《“文化上海云”公共数字文化建设标准》。

2016 年 3 月 26 日，由上海市文广局主导，创图科技建设的“文化上海云”成为全国第一个实现省级区域全覆盖的公共文化数字化服务平台。平台覆盖了市、区和街镇共 400 多家公共文化中心，服务内容包括活动预约、场馆预订、空间展示、社团风采、竞赛互动、艺术鉴赏、艺术培训、智能搜索等多项功能。公众通过手机 App、微信公众号和网站在任何时间、任何地区都可获得全市主要的公共文化活动信息。截至 2019 年年底，“文化上海云”注册用户已超过 500 万人,线上场馆 4 000 余家,平台日均浏览量达 50 万人次,累计发布 40 万条有效公共文化活动信息,受众通过平台预约参与的活动达 14 万余场[45, 46, 47]。其中,“文化普陀云”作为“文化上海云”的一部分,建有自有网站,部分直播内容与“文化上海云”同步。

5.2.2 建设目标及内容

“文化上海云”通过聚集、整合上海全市的文化资源,形成市级数据资源中心和服务门户,实现文化信息共享、活动预约、场馆预定、数据管理等功能。区子平台与“文化上海云”总平台对接,受众可通过电脑、手机和电视等多渠道获取一站式数字公共文化服务。

5.2.3 运营情况

当前,上海市有 2 个公共文化服务平台持续提供直播服务(表 5-1)。

表 5-1 上海市公共文化云平台一览
(截至 2019 年 12 月 31 日)

序号	名称	直播栏目名称	2019 年度直播期数	平均每期观看人次	直播服务提供渠道	运营状态
1	文化上海云	看视频-直播	228	36 346	网站、App、微信公众号	正常
2	文化普陀云	文化直播	2	88 748	网站、App	正常

其中,省级平台 1 个,市区级平台 1 个。从直播期数来看,由于上海市 16 个区的直播内容基本整合至“文化上海云”,因此

从数量上远远多于“文化普陀云”。但从平均每期直播的观看人次上来说,“文化普陀云”在 2019 年虽仅有 2 次直播,但平均每期观看 88 748 人次,远超“文化上海云”36 346 人次。

2018 年 3 月,腾讯云与创图科技以上海“文创 50 条”为指导开启战略合作,系统推进优秀传统文化的创新性转化和创造性发展,促进公共文化与社会各领域之间生态化、协同化发展,丰富“文化上海云”服务[48]。

2020 年,“文化上海云”推出一系列市级赛事启动、一大批美育资源推送、一集市文旅产品销售、一菜单线下活动导引四大项目。同时,由于 2020 年新冠疫情的暴发,隔离在家的市民对数字文化服务需求呈井喷式增长,催生文化新业态。2020 年市民文化节吸引了喜马拉雅、阿基米德、抖音等社会力量加入,积极拓展市民文化节传播和参与渠道[49]。

由文献资料和调研可知,“文化上海云”(包括“文化普陀云”)的公共文化直播服务属于政府采购模式,由公共文化机构供给内容,第三方网络技术公司搭建平台。

5.2.4 供给模式分析

1. 直播内容供给主体

根据上文的文献资料可知,“文化上海云”(包括“文化普陀云”)直播内容供给主体以文化场馆单位、文化团体等公共文化机构为主。“文化上海云”作为省级公共文化服务平台,应囊括上海市 16 个区的所有直播,各区的直播内容供给主体也由各区的公共文化机构承担。

本书对当前“文化上海云”的直播内容供给主体名称进行了分类(表5-2)。

表5-2　2019年“文化上海云”区级直播内容供给主体名称（截至2019年12月31日）

序号	区级名称	直播主体名称	直播期数
1	杨浦区	杨浦之星	21
		杨浦文化	33
2	徐汇区	徐汇之星	7
3	松江区	人文松江	3
4	普陀区	普陀之星	8
5	浦东新区	浦东之星	36
6	闵行区	闵行之星	38
		文旅浦江	1
7	黄浦区	黄浦风采	51
8	虹口区	虹口之星	1
9	奉贤区	奉贤之星	15
10	宝山区	宝山之星	15
11	长宁区	—	—
12	静安区	—	—
13	嘉定区	—	—
14	金山区	—	—
15	青浦区	—	—
16	崇明区	—	—
17	其他	文化中国	2
		文化之星	23

（续表）

序号	区级名称	直播主体名称	直播期数
17	其他	文化之美	19
		文化在现场	25
		文化云直播间	2
		文化云直播	23
		文化云小编	11
		云文之星	1
		云上之星	3
		云上风采	2
		文旅之星	2
		文旅上海	2
		红色先锋	48
		海派之行	59
		群星奖决赛（音乐场）	1
		群星奖决赛（戏剧场）	2
		群星奖决赛（舞蹈场）	2
		群星奖决赛（曲艺场）	2
		第十八届群星奖颁奖晚会	1
		未知	278
共计			737

从“文化上海云”的直播内容供给主体名称来看，10 个直播主体名称有明确的区域归属，包括杨浦区、徐汇区、松江区、普陀区、浦东新区、闵行区、黄浦区、虹口区、奉贤区和宝山区。其中，杨浦区和闵行区各有 2 个主体名称。所有有明确区域归属的直

播主体共提供直播服务229次。反观长宁区、静安区、嘉定区、金山区、青浦区和崇明区，则没有明确对应的直播主体。同时分析中发现，在余下无法归属于区县的直播主体中，有以下几类：一是直播主体名称与“文化上海云”相关，与区县名称无关，例如文化中国、文化之星、文化之美、文化云直播间、云文之星等，共提供直播服务115次；二是直播主体名称与海派文化、党建相关，例如海派之行、文旅先锋，共提供直播服务107次；三是直播主体名称与各类奖项赛事相关，例如群星奖决赛、第十八届群星奖颁奖晚会，共提供直播服务8次；四是直播主体以数字和字母命名，没有明确归属主体，共提供直播服务278次。

同时，“文化普陀云”作为县区级单一直播供给主体，在“文化上海云”通过“普陀之星”这一账号主体供给直播内容。而在微信公众号中，“文化普陀云”自身成为直播内容供给主体，在同步转发上海市公共文化直播服务的同时，更聚焦本区。因此，囊括了普陀区各种文化机构、文化中心的公共文化直播内容。其中包括上海纺织博物馆、普陀区长征社区文化活动中心、普陀区文化馆、普陀区甘泉文化馆、普陀区桃浦文化馆、普陀朗诵艺术联盟等。

2. 直播技术供给主体

“文化上海云”（包括“文化普陀云”）的公共文化直播技术供给主体都是上海一家网络科技公司，它通过整合零散的、孤立的公共文化资源，为构建现代公共文化服务体系提供科技支撑。

这家网络科技公司凭借其自身技术优势，以满足“文化上海云”（包括“文化普陀云”）的基础硬件系统建设、软件平台建设和数字公共文化资源建设任务。

1）基础硬件系统建设

包括应用服务器、存储设备、网络交换设备、安全防护设备等，应用服务器主要解决服务数据处理和分发问题，存储设备主要解决数据实时存储和备份问题。

2）软件平台建设

主要包括公共文化信息的发布和共享、公共文化活动场馆的预约和预订、公共文化服务大数据三大系统。

公共文化信息的发布和共享系统包括展览、培训、演出活动图文信息的实时发布，活动视频的上传及自动转码，博物馆和艺术馆网上3D展览与文化艺术品的数字化展示，场馆及活动的评论，微信微博分享等功能板块。

公共文化活动场馆的预约和预订系统包括活动预约子系统、场馆预订子系统、票务子系统。

公共文化活动预约子系统主要解决受众通过手机、电脑、电视进行活动预约的问题；公共文化场馆预订子系统主要解决文化场馆场地和设施资源的公开及预订问题；票务子系统主要解决活动及场馆预约预订后的电子票务和纸质票务的分发和出票问题。

公共文化服务大数据系统主要解决公共文化服务效能数据统计与分析问题，包括公共文化活动参与人群数据统计与分析、公共文化场地设施资源使用数据统计与分析、公共文化资源配送利用效能统计与分析、受众公共文化服务偏好智能匹配推送服务分析等。

3）数字公共文化资源建设

数字资源包括静态内容和动态信息两部分。静态内容包括3D虚拟展馆、数字藏品、数字图书、视频课程、多媒体培训课件等；动态信息包括活动信息、用户评论、用户分享等。静态内容通过定期进行批次数字化处理的方式实现；动态信息由文化场馆单位、文化团体主动实时发布方式实现。

基于上海创图科技搭建的文化云平台，各类文化机构和文化团体通过各自的直播硬件设备、有线网络和4G/5G的无线网络接入文化云平台。同时，由于直播内容体量不尽相同，因此也会根据具体情况选择移动端设备及移动导播一体机进行直播。

3. 直播内容供给渠道

本书通过参与式观察法，登录“文化上海云”（包括“文化普陀云”）公共文化直播服务的相关供给渠道（表5-3）。

表5-3 “文化上海云”（包括“文化普陀云”）直播内容供给渠道（截至2019年12月31日）

平台名称	观看渠道		引流渠道			观看+引流渠道	
	移动端App	网站	微信公众号	微博	网站	移动端App	微网站
文化上海云	文化云	—	文化上海	文化上海	—	文化云	文化云
文化普陀云	—	文化普陀云	文化普陀云	—	—	—	—

从观看渠道来看，“文化上海云”直播平台名称与其供给渠道并不统一。“文化上海云”平台的官方网站名称为“文化云·上海”，但是移动端App名称为“文化云”，微信公众号名称为

“文化上海”。而“文化普陀云”在各渠道的主体名称统一。

从引流渠道来看，微信公众号中多数以推文的形式宣传直播服务。主打直播前预告推文及直播前预告推文 + 直播后总结推文这两种宣传模式，推文中会对直播主题、邀请嘉宾等方面进行介绍，同时嵌入直播链接、直播二维码吸引受众进入直播间观看。

4. 直播内容供给类型

根据上海市公共文化云平台截至 2019 年 12 月 31 日的直播内容发现（表 5-4），“文化上海云”的直播涉及党建/政务、非遗/文化艺术、汽车、体育运动、生活爱好及户外旅游。“文化普陀云”涉及非遗/文化艺术和生活爱好两类。

表 5-4　“文化上海云”（包括“文化普陀云”）直播内容供给类型（截至 2019 年 12 月 31 日）

平台名称	党建/政务	非遗/文化艺术	教育	电商	金融财经	科技/互联网	创新创业	健康医疗	城市规划	汽车	体育运动	生活爱好	户外旅游	公益	法律	保险	房地产	新闻媒体	美容美妆
文化上海云	●	●	—	—	—	—	—	—	—	●	●	●	●	—	—	—	—	—	—
文化普陀云	—	●	—	—	—	—	—	—	—	—	—	●	—	—	—	—	—	—	—

同时，“文化上海云”作为省级公共文化云平台，应包括“文化普陀云”中的所有直播内容。本书通过对“文化上海云”中“普陀之星”与“文化普陀云”二者所提供的直播标题进行匹配，发现部分直播未完全同步（表 5-5）。

表 5-5　“普陀之星”与“文化普陀云”直播标题
（截至 2019 年 12 月 31 日）

序号	直播服务标题	观看人次	直播服务上线平台	
			文化上海云	文化普陀云
1	传承创新——上海经典舞剧集锦展演	40 627	●	●
2	意大利金牌萨克斯四重奏上海音乐会	34 652	●	●
3	致敬七十年　诵响新时代	44 289	●	●
4	苏州河艺术节暨第十八届宜川戏曲节	33 517	●	●
5	长征杯“谁是舞林高手”舞蹈大赛五年盛典	31 993	●	●
6	非遗公开课（华东师范大学专场）	8 612	●	—
7	第十二届中国艺术节第十八届群星奖惠民演出普陀专场	179 813	●	●
8	2018 年普陀区优秀居村群众文化团队展演	28 409	●	●
9	“我们与共和国同龄”——庆祝新中国成立 70 周年系列活动	231	—	●

从观看人次来看，直播在双平台同时上线的观看人次明显高于单一平台上线的观看人次。其中，双平台最高观看人次为 179 813，最低观看人次为 28 409；而单平台最高观看人次仅为 8 612，最低观看人次为 231。

5. 直播平台互动功能

本书对“文化上海云”（包括“文化普陀云”）直播平台互动功能进行了调研梳理（表 5-6）。

表 5-6 “文化上海云”(包括“文化普陀云”)直播平台互动功能(截至 2019 年 12 月 31 日)

平台名称	实时互动功能							非实时互动功能								
	连麦	点才艺	弹幕	送礼	粉丝专属礼物	评论	粉丝专属评论	私信	点赞	收藏	评分	关注	分享	文档	粉丝团	节目单
文化上海云	—	—	—	●	—	●	—	—	●	—	—	●	●	—	—	—
文化普陀云	—	—	—	—	—	—	—	—	●	—	—	—	●	—	—	—

从互动功能数量来看,“文化上海云”(包括“文化普陀云”)的互动功能类目明显较少。

“文化上海云”相比“文化普陀云”的互动功能更多元化,但大都集中于非实时互动,而“文化普陀云”仅有 2 种互动功能,且全为非实时互动。

5.2.5 供给模式的问题

本书根据以上关于“文化上海云”(包括“文化普陀云”)供给模式的分析,发现了以下四点主要问题。

1. 直播内容供给主体名称不一致

本书经分析发现,“文化上海云”直播平台名称与其供给渠道并不统一。“文化上海云”平台的官方网站名称为“文化云·上海”,但是移动端 App 名称为“文化云”,微信公众号名称为“文化上海”。直播供给主体名称不一致使得公众无法分辨直播主体是不是官方账号、不明确公共文化直播平台的从属关系,若部分机构和个人冒用类似的主体名称发布内容，将会极大地影响公共文化服务平台的公信力和公众的忠诚度。

2. 直播内容供给类型单一

本书发现，在19个直播内容供给类型中，“文化上海云”的直播内容涉及6个类型，而“文化普陀云”仅涉及2个类型，且非遗/文化艺术占比极大。从上海市的公共文化直播服务调研数据来看，当前公众对生活爱好、新闻媒体、科技/互联网等类型最感兴趣，显然现有直播内容无法满足其需求。

3. 直播平台互动功能缺少

从互动功能数量来看，根据调研数据可知，当前直播受众群体对点赞、评论、弹幕、分享和收藏的认同度和接受度最高，可以认为是直播平台互动功能的基本配置。经本书发现，“文化上海云”与“文化普陀云”虽都有直播的互动功能，但是无论从互动实时性还是功能种类来看，都较为欠缺，尤其是公众偏好的弹幕、收藏在其中都未有体现。

从互动功能的实时性来看，“文化普陀云”仅有2种互动功能且都属于非实时互动功能。非实时互动功能虽能起到一定的互动效果，但直播时主播与观看者、观看者与观看者之间的互动反馈及时性较差，未能充分发挥“直播”特性。

4. 主播网感欠缺

由于公共文化机构的工作人员都为该领域的专业人员，虽然其专业知识储备可以为公众普及公共文化知识，但是在直播这一新形式下，很多专业人员尤其是讲解员缺乏“网感”，不知用何种方式更好地提升公众的观看体验，并调动参与互动的积极性。

5.2.6 问题解决对策

根据以上四点问题，本书提出以下针对性解决方案。

1. 统一供给主体名称

为了使公众能够便捷、快速、有效地获取“文化上海云”的公共文化直播服务，有必要率先统一“文化上海云”（包括“文化普陀云”）公共文化直播服务内容供给主体名称（表 5-7）。

表 5-7 “文化上海云”和“文化普陀云”公共文化直播服务内容供给主体名称

序号	名称统一前	名称统一后（方案一）	名称统一后（方案二）
1	文化上海云	上海文化云	文化上海云
2	文化普陀云	普陀文化云	文化普陀云
3	文化嘉定云	嘉定文化云	文化嘉定云
4	文化崇明云	崇明文化云	文化崇明云
5	静安文化——智文化服务平台	静安文化云	文化静安云
6	文化浦东云	浦东文化云	文化浦东云
7	文化宝山云	宝山文化云	文化宝山云
8	文化杨浦云	杨浦文化云	文化杨浦云
9	文化松江云	松江文化云	文化松江云
10	文化虹口云	虹口文化云	文化虹口云
11	文化金山云	金山文化云	文化金山云

（续表）

序号	名称统一前	名称统一后（方案一）	名称统一后（方案二）
12	文化奉贤云	奉贤文化云	文化奉贤云
13	闵行文化云	闵行文化云	文化闵行云
14	黄浦文化云	黄浦文化云	文化黄浦云
15	—	青浦文化云	文化青浦云
16	—	长宁文化云	文化长宁云
17	—	徐汇文化云	文化徐汇云

首先，提供公共文化直播服务的省级平台在各服务渠道名称要统一。“文化上海云”的官方网站、移动端 App、微网站及微信公众号都以“文化上海云”命名，这样可以明确地让公众理解此文化云平台属于省级。其次，提供公共文化直播服务的区级平台在各服务渠道名称要统一。依照省级公共文化服务平台的命名格式，形成 16 个区级平台与 1 个省级统一命名的方式，如都以“省级名称/区级名称 + 文化云”或以“文化 + 省级名称/区级名称 + 云”命名。这样可以使公众通过同一个名称在不同平台、渠道便捷搜索，提升公众使用体验和公共文化数字资源使用效率。

2. 提供多元化和差异化的公共文化直播内容供给

“文化上海云”（包括“文化普陀云”）作为上海市省级和区级公共文化直播服务平台，应拓宽直播内容类型。

“文化普陀云”应聚焦本区的公共文化内容，除了非遗/文化艺术和生活爱好两方面以外，可以考虑策划每月一个直播专题。例如，以“苏河十八湾”为主题，将“长寿湾”“潘家湾”和“昌化湾”等位于普陀区的河湾作为每月专题，通过直播介绍河湾的文化历史、采访当地“民星”、探访老店和寻觅新店等多种内容，这样就可以使多元化的直播内容满足不同年龄层次公众的需求。

“文化上海云”应聚焦上海市、长三角及国际性的公共文化内容。除了原有的博物馆、艺术馆、“市民文化节”、体育赛事和各区级公共文化平台的直播内容外，还可以联合各类从事公共文化活动的第三方机构，进行创意合作，如创邑、愚园里创意园、上海彩虹室内合唱团等。通过直播这些有创意、有想法的大型活动，以丰富“文化上海云”作为省级公共文化服务平台的内容，更全面地覆盖各年龄层次受众。

3. 积极运用创新技术满足公众体验

首先，“文化上海云”应积极地与第三方技术公司进行合作，丰富当前直播平台的互动功能。网络科技公司所开发的公共文化平台直播界面只能满足普适性的线上互动需求，一些较新的互动功能上线慢、更新慢。而像爱奇艺、优酷、哔哩哔哩等第三方网络视频公司以市场为导向，会及时更新互动。因此，当直播内容需要特别的互动功能以最大程度提供公众良好体验时，必须依靠第三方技术公司予以支持。例如，VR/AR/MR 等技术在 5G 的推广下缩小了技术应用难度，使直播拓展了其原有的互动功能，增强了观看者与直播内容的交互性。

4. 培养适合的公共文化直播专业人员

为更好地适应“公共文化服务”+“直播”的混合新模式，当前直播人员的专业度仍有待加强。纵览“文化上海云”中出现的个人主播(或主持人),兼具“网感”和“专业深度”的专业人员寥寥无几。因此,需要选拔一批具有“网感”的专业人员作为个人主播(或主持人)。以博物馆直播为例,如果是文物展品讲解,博物馆需要在讲解员中挑选口齿表达清晰、现场反应快和经常使用社交直播软件的员工进行针对性培训;如果是进行文创产品直播,则需要选拔对文创产品的设计、研发、历史都较为了解的工作人员进行针对性培训。培训内容包括但不限于直播话语话术、肢体行为等会影响公众体验的各个方面。这样可以弥补部分观看者无法亲临现场的遗憾,但同时也不会使直播主体在公众心目中的专业性和权威性下降。

5.3 “H 驿站”公共文化直播服务供给模式

5.3.1 建设背景

上海于 2018 年 8 月建设完成的“H 驿站”是为公众提供的休憩空间,在建设完成初期就配备有基本的公共服务设施,包括公共厕所(含无障碍厕所、母婴室)、直饮水、自动售卖机、Wi-Fi 充电、共享雨伞、信息查询等便民服务,以及医疗急救服务。

由于“H 驿站”秉持“先建成后提升”的原则,在周边区域和公共开放空间格局呈现雏形后吸引了大量市民和游客。为了满足市民游客的多样化文化需求,运营方认为“H 驿站”需要在公共服务功能、人文艺术氛围营造、历史底蕴挖掘、非遗文化传承及空间体验等方面进行提升，增强“区域文化属性”，以更好地为市民及外来游客提供多元化的公共文化服务，使之成为最基本公共服务和公共文化服务为一体的复合型空间。

5.3.2 建设目标及内容

由于“H 驿站”的建设方内部没有专业团队提供直播服务，因此在 2019 年，建设方通过公开竞争招标招募社会力量提供公共文化直播的各项运营服务。

社会力量作为“H 驿站”公共文化直播服务的运营方，主要提供以下服务：

第一，2019 年全年线下 + 线上 300 场直播。包括直播策划、录制、媒体分发、50 集活动的精华剪辑(25 分钟/集)。

第二，平面及物料设计。“H 驿站”公共文化直播服务将打造成一个新生品牌，因此涉及与之相关的品牌设计和制作。

第三，软硬件设施及专业人员。除了“H 驿站”原有的软硬件设备设施，运营方要根据直播需求配备必要的软硬件设备设施、专业拍摄人员及管理人员。

5.3.3 运营情况

线下直播现场通过 11 家第三方视频直播平台同步播出(表 5-8)，包括爱奇艺、哔哩哔哩、视讯中国、百度、咪咕视频、今日头条(西瓜视频)等。“H 驿站”每晚会邀请各界社会知名人士进入空间分享知识和经验。

表 5-8 “H驿站”公共文化直播服务第三方直播平台一览
（截至 2019 年 12 月 31 日）

序号	直播平台名称	直播栏目名称	总直播期数	观看人次	平均每期观看人次	服务提供渠道
1	爱奇艺	爱奇艺教育频道	300	30 299	101	网站、App
2	爱奇艺奇秀	奇秀直播	300	3 092 117	11 581	App
3	哔哩哔哩	哔哩哔哩直播	264	4 821	18	网站、App、微信公众号
4	视讯中国	视讯中国（中国网++）	300	805 088	3 015	App、微信公众号
5	百度	小度直播	300	4 665 957	17 475	网站、App、微信公众号
6	咪咕视频	咪咕视频直播	300	3 326 409	12 458	App、微信公众号
7	天翼超高清（天翼视讯）	天翼云商务直播	300	2 496 318	9 350	网站、App
8	中国网++	视讯中国直播中国	300	1 445 091	5 412	App、微信公众号
9	网易	网易直播	120	365 959	3 050	网站、App、微信公众号
10	今日头条（西瓜视频）	西瓜视频直播	300	53 049	177	App、微信公众号
11	优酷视频	优酷直播	177	1 109 763	6 270	网站、App、微信公众号

从直播平台和直播栏目所属关系来看，爱奇艺、哔哩哔哩、视讯中国、百度、咪咕视频、天翼超高清（天翼视讯）、中国网++、网易和优酷视频都是在平台中下设子栏目、子板块提供用户直播观看服务。而奇秀直播和西瓜视频则分别属于爱奇艺和今日头条独立直播平台，观众可以直接通过直播平台观看直播。

从开播场次来看，据不完全统计，截至 2019 年 12 月 31 日共开展了 300 场直播。但由于各第三方网络直播平台的接入时间不同、内容选择偏好等各方面因素，哔哩哔哩、网易和优酷视频实际直播期数皆未达到 300 期。

从每期观看人次来看，百度、咪咕视频和爱奇艺奇秀平均每期观看人次破万，分别为 17 475 人次、12 458 人次和 11 581 人次。而今日头条（西瓜视频）、爱奇艺和哔哩哔哩平均每期观看人次分别为 177 人次、113 人次和 18 人次。

5.3.4 供给模式分析

1. 直播内容供给主体

根据“H 驿站”公共文化直播服务的建设背景可知，直播内容的供给主体可以由招标主体（即建设方）、投标主体（即运营管理方）共同提供自身公共文化资源。因此，供给主体一致性较好，可以较为灵活地安排自身资源配置。

2. 直播技术供给主体

“H 驿站”公共文化直播服务依赖第三方网络视频公司，因此直播技术供给主体较为多元化（表 5-9）。

表 5-9　“H 驿站”直播技术供给主体一览
（截至 2019 年 12 月 31 日）

直播平台名称	直播平台服务提供主体
爱奇艺	北京爱奇艺科技有限公司、百度在线网络技术有限公司
爱奇艺奇秀	北京爱奇艺科技有限公司、百度在线网络技术有限公司
哔哩哔哩	上海哔哩哔哩科技有限公司
视讯中国	清流迅（北京）科技有限公司
百度	百度在线网络技术有限公司
咪咕视频	中国移动通信有限公司
天翼超高清（天翼视讯）	中国电信集团有限公司
中国网++	北京中投视讯文化传媒股份有限公司
网易	杭州朗和科技有限公司
今日头条	北京字节跳动网络技术有限公司
优酷视频	阿里巴巴（中国）网络技术有限公司

调研发现，除了咪咕视频和天翼超高清（天翼视讯）的技术服务是由中国移动和中国电信两大国企提供，其余都是由第三方网络视频平台提供。

3. 直播内容供给渠道

由于“H 驿站”公共文化直播依托多个第三方网络视频平台，因此其直播内容的供给渠道也会根据平台自身的推广宣传进行相应调整。本书对“H 驿站”公共文化直播内容供给渠道进行了梳理（表 5-10）。

表 5-10 “H 驿站”直播内容供给渠道
（截至 2019 年 12 月 31 日）

直播平台名称	观看渠道		引流渠道		观看 + 引流渠道		
	移动端 App	网站	微信公众号	微博	网站	移动端 App	微网站
爱奇艺	—	—	爱奇艺 VIP	爱奇艺	爱奇艺	爱奇艺	—
爱奇艺奇秀	爱奇艺奇秀	—	奇秀	爱奇艺	—	—	—
哔哩哔哩	—	—	哔哩哔哩	哔哩哔哩弹幕网	哔哩哔哩	哔哩哔哩	—
视讯中国	—	—	视讯中国	视讯中国	—	视讯中国	—
百度	—	—	百度	百度视频	百度	百度	—
咪咕视频	咪咕视频	—	咪咕视频	咪咕直播	—	—	—
天翼超高清（天翼视讯）	天翼超高清	—	天翼超高清	天翼视讯	—	—	—
中国网++	网家家	—	中国网家家	网家家	—	—	—
网易	—	网易直播	—	网易直播	—	网易	—
今日头条（西瓜视频）	西瓜视频	—	今日头条	今日头条西瓜视频官微	—	—	—
优酷视频	—	—	优酷视频	优酷直播	优酷视频	优酷视频	—

从观看渠道来看，“H 驿站”观看直播平台多达 11 家。其中，爱奇艺、爱奇艺奇秀、视讯中国、咪咕视频、天翼超高清（天翼视讯）、中国网++、今日头条（西瓜视频）和优酷视频 8 个平台主要以网络视频作为其主要业务。哔哩哔哩、百度、网易则是将网

络视频作为业务的一部分。

从引流渠道来看，除了爱奇艺和爱奇艺奇秀在公众号中鲜少推送直播推文，其他网络直播平台都会在直播前发送推文进行宣传引流。同时，所有平台都在微博开设了账号进行相应宣传。

4. 直播内容供给类型

截至2019年12月31日，“H驿站”的直播内容供给类型包括党建/政务、非遗/文化艺术、教育、金融财经、科技/互联网、创新创业、健康医疗、城市规划、体育运动、生活爱好、户外旅游、公益、法律、保险、房地产和新闻媒体(表5-11)。

表5-11 “H驿站”直播内容供给类型

(截至2019年12月31日)

平台名称	党建/政务	非遗/文化艺术	教育	电商	金融财经	科技/互联网	创新创业	健康医疗	城市规划	汽车	体育运动	生活爱好	户外旅游	公益	法律	保险	房地产	新闻媒体	美容美妆
H驿站	●	●	●	—	●	●	●	●	●	—	●	●	●	●	●	●	●	●	—

“H驿站”的直播内容供给类型覆盖了当前大部分公共文化直播，这与其内容供给主体有着密切关系。虽然“H驿站”的运营管理方不直接拥有公共文化机构、文化团体的大量文化资源，但是由于其自身长期深耕于文化艺术、金融财经、医疗、新闻媒体、房地产等领域，因此相对于传统的公共文化机构、文化团体来说，更能满足公众日渐多元化的公共文化诉求。

5. 直播平台互动功能

本书对“H 驿站”直播平台互动功能进行了分析(表 5-12)。

表 5-12 上海市公共文化直播服务平台互动功能汇总
(截至 2019 年 12 月 31 日)

平台名称	实时互动功能							非实时互动功能								
	连麦	点才艺	弹幕	送礼	粉丝专属礼物	评论	粉丝专属评论	私信	点赞	收藏	评分	关注	分享	文档	粉丝团	节目单
爱奇艺	—	—	—	●	—	●	—	—	●	●	—	●	●	—	—	—
爱奇艺奇秀	—	—	●	●	—	—	—	—	—	—	●	●	●	—	●	—
哔哩哔哩	—	—	●	●	—	—	—	—	—	—	—	●	●	—	●	—
视讯中国	—	—	—	—	—	●	—	—	●	●	—	—	●	—	—	—
百度	—	●	●	●	—	—	—	—	—	—	—	●	●	—	●	—
咪咕视频	—	—	●	●	—	—	—	—	—	●	—	—	●	—	—	●
天翼超高清(天翼视讯)	●	—	●	●	—	●	—	—	●	—	—	—	—	●	—	—
中国网+	—	—	—	—	—	●	—	—	—	●	—	—	●	—	—	—
网易	—	—	—	—	—	●	—	—	—	—	—	—	●	—	—	—
今日头条	—	—	●	●	●	—	●	—	—	—	—	●	●	—	●	—
优酷视频	—	—	●	●	—	—	—	●	—	—	—	●	●	—	●	—

就“H 驿站”的公共文化直播服务平台来说,爱奇艺、爱奇艺奇秀、哔哩哔哩、百度、咪咕视频、天翼超高清(天翼视讯)、今日头条和优酷视频作为以网络直播业务和技术见长的平台,提供了 5~7 种互动功能,且其中至少有 2 种、至多有 4 种实时互动

功能。视讯中国、中国网++作为政府官方的直播平台，仅有3～4种互动功能，且多集中于非实时互动功能上。

5.3.5 供给模式的问题

1. 直播技术供给主体响应时间长

“H驿站”公共文化直播服务依赖第三方网络视频公司。虽然直播技术供给主体的多元化可以使运营方根据直播内容进行一定调整，同时，如若在直播过程中出现因网络视频平台发生技术问题时，该平台会及时进行维护；但如若直播现场遇到无法自行解决的技术或网络问题，也无法确定何种问题时，在第三方网络视频公司不提供技术支持下，便会影响到直播时间进程和效果。

2. 直播内容供给渠道过于宽泛

根据“H驿站”各直播内容供给渠道的平均每期观看人次来看，不仅各平台观看人次差距较明显，总体观看人次也较少。

首先，不同直播渠道的产品侧重不同。爱奇艺奇秀开发初衷就是以直播作为产品的核心，因此受众群体对于直播这种形式黏性高、观看目的性强。而爱奇艺则主要给观看者提供电视剧、综艺和纪录片等各类视频产品，在既有受众群体中已有固定的产品内容指向，因此大部分观看者不会首选爱奇艺作为直播观看渠道。

其次，不同直播渠道的宣传力度不同。正是由于各渠道侧重的产品差异性，使得推广宣传也会偏向其主打产品并非都为直播。爱奇艺奇秀作为以直播为主的App观看渠道，其微信公众号中主要推文也是基于 App 中的直播内容，因此直播内容的曝光量在其微信公众号的宣传渠道上较大。而从爱奇艺的微信公众号、微博等推广宣传内容上来看，主要集中在综艺、电影、动漫等内容，直播推文鲜少出现，曝光率不足直接导致了观看人次的下降。

最后，不同直播渠道的受众群体不同。哔哩哔哩以二次元、年轻化人群作为主要受众群体的渠道，其圈层文化较为明显。因此，公共文化直播的内容将直接影响到观看人次。对比百度直播渠道，由于其是大众最常用的平台，受众群体几乎覆盖了所有互联网使用者，直播观看的受众群体也因此相应拓宽。

3. 直播专业人员公共文化知识不足

由于“H 驿站”公共文化直播内容的特殊性，每周都会邀请不同领域的专业嘉宾接受访谈，这对于主播（采访者）的公共文化知识有一定的要求。但正因涉及领域广泛，所以会出现主播（采访者）的提问过于宽泛，或是所提问题并非公众关注的内容。

5.3.6 问题解决对策

根据上述三点问题，本书提出以下针对性解决方案。

1. 选择响应时间较短的直播技术供给主体

为了保证直播的顺利进行，“H 驿站”有必要选择技术成熟的第三方网络视频公司进行长期合作，这样在直播对接流程、直播设备调试等方面可以减少多余的沟通时间，提高直播前期调试效率。

同样，“H 驿站”可以考虑选择提供定制技术服务的直播技术供给主体。虽然当前“H驿站”暂未涉及大型直播活动，但由于招标方并未在建设目标中明确限定直播场景，在合同期限内有直播场景变动的可能性，因此有必要保证软硬件设备的正常运转和使用。

2. 多维度选择直播内容供给渠道

“H驿站”直播内容供给渠道应遵循以下两个方面。一方面，每种类型的供给渠道需选择2～3个。“H驿站”可以在现有基础上拓展供给渠道。例如，除了二次元年轻人群体喜欢的哔哩哔哩以外，还可选择AcFun等；直播App除了爱奇艺奇秀外，还可以选择抖音、快手等。另一方面，与直播内容受众相契合的供给渠道精准推广。对于年轻人喜欢的生活爱好、科技/互联网、体育运动等内容可着重投放哔哩哔哩等供给渠道；而对于党建/政务、健康医疗、非遗/文化艺术的直播内容则可以着重投放覆盖所有公众的供给渠道。

3. 培养学习能力强的直播专业人员

“H驿站”社会力量需要招募一批具有公共文化知识背景且学习能力较强的主播。主播(采访人)需要通过对话和提问引导专业嘉宾说出公众想要了解的公共文化内容，因此需要具备可以对相关领域进行快速学习了解的能力，以满足来自各行各业的公众对公共文化内容的需求，提升直播主体在公众心中的可信度、专业度，增强观看黏性。

第 6 章
结论与展望

6.1 结论

本书通过对以“文化上海云”(包括“文化普陀云”)和“H 驿站”为代表的上海市公共文化直播服务进行调研分析,试图解决上海市公共文化直播服务的供给模式相关问题。本书参考了大量文献资料,通过调研问卷、参与式观察、比较等研究方法,分析了上海市公共文化直播服务的现状和存在的问题,进而对相关问题提出了解决方案,并得出以下结论。

第一,上海市公共文化直播服务是一个整体服务系统,其中牵涉直播内容供给主体、直播技术供给主体、直播内容供给渠道、直播内容供给类型和直播平台互动功能这五方面内容。政府应在当前“公民参与”的基础上加强“共情”,考虑到公众观看直播的体验感受,并切实满足公众多元化的公共文化需求。

第二,由于公共文化直播仍处于新兴事物阶段,而政府自建公共文化平台相对于第三方网络视频平台的功能更新较为落后，因此有必要根据公共文化直播的内容类型，灵活地选择适合的第三方网络视频平台并与其合作，以弥补直播技术供给和互动功能的弱势。

第三，公共文化直播的专业人员是一类新兴群体，在人才缺乏的现阶段，急需对相关从业人员开展公共文化和直播行业专业技能的培训，从而给予公众更好的互动、观看体验。

6.2 研究贡献

公共文化直播服务是随着近年来5G、互联网等信息科学技术的发展才开始普及，公众对于公共文化的多元化需求也不断显现，但政府对公共文化活动从线下转向线上尚未有充足的经验。本书通过引入社会力量提供的直播服务案例，与“文化上海云”进行对比分析，从新公共服务理论和公共产品理论出发研究当前公共文化直播服务的问题并提出改进意见。

6.3 研究局限及展望

本书通过对上海市公共文化直播服务和“H驿站”公共文化直播服务的案例剖析，从直播内容供给主体、直播技术供给主体、直播内容供给渠道、直播内容供给类型和直播平台互动功能等方面进行对比分析。但由于个人研究水平有限，存在以下不足：

（1）本书测量量表的某些指标存在不足之处。由于部分变量的测量量表是根据自身体验、各公共文化和第三方直播平台进行调研设计的，信度未达到较高区间，之后的研究需要在此方面进行改进。

（2）由于受众对于“公共文化”的概念各自理解有些许偏差，因此会影响判断，使调研数据失真。在后续调研中需要在调研前就了解被调研者对于“公共文化”含义的认知范围，从而筛选出认知正确的被调研者，提升调查问卷数据的有效性和可信度。

（3）由于时间和成本等限制，本书搜集的有效样本数据仅有 208 份，样本数量不够多。在后续进行深入研究时需进一步在上海市扩大调研，增加样本数量，平衡各年龄层次人数，避免因样本数量不足够多而造成研究结论的偏差。

附录 A

我国公共文化云平台一览

（截至 2019 年 12 月 31 日）

序号	名称	提供服务省市/单位	级别	服务范围	上线时间（年）	当前状态	服务渠道
1	安徽公共文化云	安徽省	省级	安徽省	2017	运营	网站、App、微信公众号
2	安庆市数字公共文化服务平台	安徽省	地级	安庆市	2016	运营	网站
3	文旅马鞍山	安徽省	地级	马鞍山市	2017	运营	网站、App、微信公众号
4	铜陵文化云	安徽省	地级	铜陵市	2018	运营	网站、App、微信公众号
5	首都图书馆公共文化云	北京市	省级	北京市	2018	运营	网站、App、微信公众号
6	文化朝阳云	北京市	市区级	朝阳区	2016	运营	网站、App
7	西城文化云	北京市	市区级	西城区	2017	运营	微信公众号、微网站
8	海淀公共文化服务平台	北京市	市区级	海淀区	2017	运营	网站、App、微信公众号

（续表）

序号	名称	提供服务省市/单位	级别	服务范围	上线时间（年）	当前状态	服务渠道
9	门头沟文化云	北京市	市区级	门头沟区	2018	运营	App、微信公众号
10	文化到家/公共文化物联网	重庆市	省级	重庆市	2014	运营	网站、App
11	重庆群众文化云	重庆市	省级	重庆市	2018	运营	网站、App、微信公众号
12	碚壳	重庆市	市区级	北碚区	2014	运营	网站、App、微信公众号、“碚壳”一体机
13	文化江津云	重庆市	市区级	江津区	2017	运营	网站、App、微信公众号
14	文化三明	福建省	地级	三明市	2015	运营	网站、微信公众号
15	福州文化云	福建省	地级	福州市	2018	运营	网站、微网站
16	甘肃省图书馆	甘肃省	省级	甘肃省	2017	运营	网站、App、微信公众号
17	张掖文化云	甘肃省	地级	张掖市	2017	运营	网站、微信公众号
18	白银文化云	甘肃省	地级	白银市	2018	运营	网站
19	广东省文化 E 站	广东省	省级	广东省	2016	运营	网站、App
20	佛山文化 E 网通	广东省	地级	佛山市	2016	运营	网站、App、微信公众号
21	梅州文化云	广东省	地级	梅州市	2018	运营	网站、App

（续表）

序号	名称	提供服务省市/单位	级别	服务范围	上线时间（年）	当前状态	服务渠道
22	龙华文体云	广东省	市区级	深圳市龙华区	2019	运营	微网站、微信公众号
23	广西公共数字文化网	广西壮族自治区	省级	广西壮族自治区	2017	运营	网站
24	防城港文化云	广西壮族自治区	地级	防城港市	2019	运营	网站、App、微信公众号
25	贵州省公共数字文化服务平台	贵州省	省级	贵州省	2014	运营	网站
26	多彩贵州文化云	贵州省	省级	贵州省	2018	运营	微信公众号、微网站
27	海南省数字文化馆	海南省	省级	海南省	2019	运营	网站、微信公众号
28	龙华文化云	海南省	省级	海南省	2019	运营	网站、微信公众号
29	文化同行	河北省	地级	廊坊市	2015	运营	网站、App、微信公众号
30	迁安市公共文化服务网	河北省	县级	迁安市	2016	运营	网站、App、微网站
31	武安文体云	河北省	县级	武安市	2018	运营	网站
32	新华·百姓文化云	河南省	省级	河南省	2018	运营	网站、App、微信公众号
33	洛阳文化云	河南省	地级	洛阳市	2016	运营	网站、App、微信公众号
34	焦作市百姓文化超市	河南省	地级	焦作市	2016	运营	网站

（续表）

序号	名称	提供服务省市/单位	级别	服务范围	上线时间（年）	当前状态	服务渠道
35	黑龙江数字文化网	黑龙江省	省级	黑龙江省	2018	运营	网站
36	湖北省公共数字文化服务平台	湖北省	省级	湖北省	2014	运营	网站
37	神农文化云	湖北省	地级	神农架林区	2017	运营	网站、App、微信公众号
38	钟祥文化云	湖北省	地级	钟祥市	2018	运营	网站、App
39	嘉鱼文化云	湖北省	县级	嘉鱼县	2016	运营	网站、App、微信公众号
40	湖南公共文旅云	湖南省	省级	湖南省	2018	运营	网站、微信公众号
41	常德文化云	湖南省	地级	常德市	2017	运营	微信公众号
42	慈利公共文旅云	湖南省	县级	慈利县	2018	运营	网站、微信公众号
43	衡南文化云	湖南省	县级	衡南县	2018	运营	网站、App、微信公众号
44	吉林省文化馆	吉林省	省级	吉林省	2019	运营	网站、微信公众号
45	江苏公共文化云	江苏省	省级	江苏省	2017	运营	网站、微信公众号
46	张家港数字文化服务平台	江苏省	地级	张家港市	2015	运营	网站
47	宿迁文化云	江苏省	地级	宿迁市	2019	运营	网站、App、微信公众号

（续表）

序号	名称	提供服务省市/单位	级别	服务范围	上线时间（年）	当前状态	服务渠道
48	无锡公共文化	江苏省	地级	无锡市	2016	运营	网站、App、微信公众号
49	文化浦口云	江苏省	地区级	南京市浦口区	2017	运营	网站、App、微信公众号
50	文化镇江云	江苏省	地级	镇江市	2018	运营	网站、App、微信公众号
51	江阴公共文化云	江苏省	地级	江阴市	2018	运营	网站、App
52	江西省群众艺术馆	江西省	省级	江西省	2015	运营	网站、App
53	江西文旅云	江西省	省级	江西省	2018	运营	网站、App、微信公众号
54	九江文旅云	江西省	地级	九江市	2018	运营	网站、App、微信公众号
55	辽宁数字文化网	辽宁省	省级	辽宁省	2017	运营	网站、App、微信公众号
56	大连文化云	辽宁省	地级	大连市	2019	运营	网站、微网站
57	北票文化云	辽宁省	县级	北票市	2017	运营	网站
58	内蒙古文化云	内蒙古自治区	省级	内蒙古自治区	2019	运营	网站、App、微信公众号
59	呼和浩特市公共文化服务平台	内蒙古自治区	地级	呼和浩特市	2018	运营	网站、App、微信公众号
60	银川公共文化数字平台	宁夏回族自治区	地级	银川市	2016	运营	网站、App、微信公众号

（续表）

序号	名称	提供服务省市/单位	级别	服务范围	上线时间（年）	当前状态	服务渠道
61	石嘴山文化云	宁夏回族自治区	地级	石嘴山市	2016	运营	网站、App
62	青海省文化馆	青海省	省级	青海省	2017	运营	网站
63	西宁市公共文化云平台	青海省	地级	西宁市	2017	运营	网站、微信公众号
64	海西州文化馆	青海省	地级	海西蒙古族藏族自治州	2012	运营	网站
65	山东公共文化云	山东省	省级	山东省	2015	运营	网站
66	齐鲁优秀传统文化服务云平台	山东省	省级	山东省	2016	运营	网站、微信公众号
67	潍坊市文化和旅游云	山东省	地级	潍坊市	2018	运营	网站、微信公众号
68	文旅东营	山东省	地级	东营市	2018	运营	网站、App、微信公众号
69	智慧文化	山东省	地级	威海市	2017	运营	微信公众号
70	寿光云平台	山东省	县级	寿光市	2018	运营	网站、微网站
71	淄川文化云	山东省	地区级	淄博市淄川区	2017	运营	网站、App
72	山西文化云	山西省	省级	山西省	2017	运营	网站、微信公众号

（续表）

序号	名称	提供服务省市/单位	级别	服务范围	上线时间（年）	当前状态	服务渠道
73	山西省数字文化馆	山西省	省级	山西省	2018	运营	网站、微信公众号
74	晋中文化云	山西省	地级	晋中市	2017	运营	微信公众号
75	陕西省公共文化数字平台	陕西省	省级	陕西省	2017	运营	网站
76	文化铜川	陕西省	地级	铜川市	2017	运营	App、微信公众号
77	文化安康	陕西省	地级	安康市	2019	运营	网站、微信公众号、微网站
78	文化上海云	上海市	省级	上海市	2016	运营	App、微信公众号
79	文化普陀云	上海市	市区级	普陀区	2014	运营	网站、App、微信公众号
80	文化嘉定云	上海市	市区级	嘉定区	2014	运营	网站、App、微信公众号
81	文化崇明云	上海市	市区级	崇明区	2015	运营	网站
82	静安文化——智文化服务平台	上海市	市区级	静安区	2013	运营	App、微信公众号
83	文化浦东云	上海市	市区级	浦东新区	2016	运营	网站、App
84	文化宝山云	上海市	市区级	宝山区	2017	运营	网站、App、微信公众号

（续表）

序号	名称	提供服务省市/单位	级别	服务范围	上线时间（年）	当前状态	服务渠道
85	文化杨浦云	上海市	市区级	杨浦区	2017	运营	网站、微信公众号
86	文化松江云	上海市	市区级	松江区	2017	运营	网站、App、微信公众号
87	文化虹口云	上海市	市区级	虹口区	2017	运营	网站、微网站、App
88	文化金山云	上海市	市区级	金山区	2017	运营	网站、App、微信公众号
89	文化奉贤云	上海市	市区级	奉贤区	2018	运营	网站、App、微信公众号
90	闵行文化云	上海市	市区级	闵行区	2018	运营	网站、App
91	黄浦文化云	上海市	市区级	黄浦区	2017	运营	网站、App、微信公众号
92	徐汇文化云	上海市	市区级	徐汇区	2019	运营	“一机两盒一平台”（数字阅读机、数字资源机顶盒、文化云盒和图书自助借还平台）
93	长宁文化云	上海市	市区级	长宁区	2019	运营	微信公众号
94	嘉州文化通	四川省	地级	乐山市	2019	运营	App
95	绵阳文化云	四川省	地级	绵阳市	2016	暂停服务	暂停服务

（续表）

序号	名称	提供服务省市/单位	级别	服务范围	上线时间（年）	当前状态	服务渠道
96	文化天府	四川省	地级	成都市	2017	运营	网站、App、微信公众号
97	涪城文化云	四川省	地区级	绵阳市涪城区	2019	运营	网站
98	公共文化云天津频道	天津市	省级	天津市	2016	运营	网站维护
99	文化随行	天津市	市区级	滨海新区	2016	运营	网站、App、微信公众号
100	东丽文化云	天津市	市区级	东丽区	2017	运营	网站、App、微信公众号
101	津南文化云	天津市	市区级	津南区	2019	运营	网站、App、微信公众号
102	河西区文化云	天津市	市区级	河西区	2014	运营	网站、App、微信公众号
103	西藏自治区群艺馆（区非遗保护中心）公共文化云平台	西藏自治区	省级	西藏自治区	2019	运营	网站
104	文化石河子云	新疆维吾尔自治区	地级	石河子市	2017	运营	网站
105	阿拉尔文化云	新疆维吾尔自治区	县级	阿拉尔市	2018	运营	网站、App、微信公众号

（续表）

序号	名称	提供服务省市/单位	级别	服务范围	上线时间（年）	当前状态	服务渠道
106	伊犁文化云	新疆维吾尔自治区	地级	伊犁哈萨克自治州	2018	暂停服务	暂停服务
107	云南公共文化云	云南省	省级	云南省	2017	运营	网站、App、微信公众号
108	文化云南云	云南省	省级	云南省	2018	运营	微网站
109	浙江文化通	浙江省	省级	浙江省	2013	运营	网站、App
110	文化有约	浙江省	地级	嘉兴市	2011	运营	网站、App
111	杭州智慧文化服务平台	浙江省	地级	杭州市	2012	运营	网站、App
112	文化宁波	浙江省	地级	宁波市	2015	运营	网站、App、微信公众号
113	宁波一人一艺	浙江省	地级	宁波市	2017	运营	网站、App、微信公众号
114	淘文化	浙江省	地级	舟山市	2016	运营	网站、App、微信公众号
115	湖上云	浙江省	地级	湖州市	2016	运营	网站、App、微信公众号
116	台州文化云	浙江省	地级	台州市	2017	运营	网站、App
117	余杭文化云	浙江省	地区级	杭州市余杭区	2019	运营	网站、App、微信公众号
118	国家公共文化云	文化部	国家级	全国	2017	运营	网站、App、微信公众号

附录 B

公共文化直播服务调查问卷

为了进一步提高公共文化直播服务水平，丰富服务内容，提升服务质量，特邀请您参与以下公共文化直播服务调查问卷，希望得到您的大力支持！

本次调查不记名，数据保密，请放心填写。

1. 您是否看过公共文化直播？（如：博物馆展品讲解、文化机构培训、文艺展演、名人专访等）

   ○ 看过　　　　　　　　　　○ 没看过

2. 您从哪些渠道知晓直播信息？

   □ 公共文化官方微信公众号

   □ 公共文化官方移动端 App

   □ 公共文化官方网站

   □ 第三方视频媒体平台微信公众号

   □ 第三方视频媒体平台移动端 App

   □ 第三方视频媒体平台官方网站

   □ 户外宣传、广告、海报

☐ 朋友圈、朋友告知

☐ 其他 ________________

3. 您想观看哪方面的公共文化直播?

☐ 党建/政务　　☐ 非遗/文化艺术

☐ 教育　　☐ 电商

☐ 金融财经　　☐ 科技/互联网

☐ 创新创业　　☐ 健康医疗

☐ 城市规划　　☐ 汽车

☐ 体育运动　　☐ 生活爱好

☐ 户外旅游　　☐ 公益

☐ 法律　　☐ 保险

☐ 房地产　　☐ 新闻媒体

☐ 美容美妆　　☐ 其他________________

4. 您在哪些平台看过公共文化直播?

☐ 公共文化云平台(如“文化上海云”)

☐ 央视频

☐ 爱奇艺

☐ 哔哩哔哩

☐ 视讯中国

☐ 百度

☐ 咪咕视频

☐ 天翼超高清(天翼视讯)

□ 中国网++

□ 网易

□ 今日头条(西瓜视频)

□ 优酷视频

□ 其他________________

5. 您希望直播提供哪类互动功能?

□ 连麦 □ 点才艺

□ 弹幕 □ 送礼

□ 粉丝专属礼物 □ 评论

□ 粉丝专属评论 □ 私信

□ 点赞 □ 收藏

□ 评分 □ 关注

□ 分享 □ 文档

□ 粉丝团 □ 节目单

□ 其他________________

6. 您经常使用哪些设备观看直播?

○ 台式电脑 ○ 手机 ○ 平板电脑

7. 您经常在哪种网络环境下观看直播?

○ 接线的宽带网络

○ 4G/5G(手机)上网卡

○ Wi-Fi

8. 您平均每周观看公共文化直播的次数为________？

○ 1～2 次

○ 3～5 次

○ 6～10 次

○ 11 次及以上

9. 您认为每次直播时长宜为________？

○ 15 分钟及以内

○ 16～30 分钟

○ 31～60 分钟

○ 61～90 分钟

○ 90 分钟以上

10. 您希望直播安排在什么时间段合适？

□ 工作日白天　　□ 工作日晚上

□ 双休日白天　　□ 双休日晚上

□ 无所谓，只要能回看

11. 您对当前公共文化直播服务整体满意度如何？

○ 很满意　　○ 满意

○ 一般　　○ 不满意

○ 很不满意

12. 请您为公共文化直播服务以下各方面功能打分(很满意5分,很不满意1分)。

功能	很满意	满意	一般	不满意	很不满意
主题表述清晰					
内容分类清晰					
内容覆盖面广					
时间安排合适					
直播时长恰当					
有回看功能					
互动功能多样					
界面简洁易操作					
视频画面流畅					
直播音质好					

13. 您在界面操作体验中遇到过什么困难?

□ 找不到往期直播内容

□ 直播结束无法立刻回看

□ 界面复杂,容易误点击

□ 广告多,观看体验差

□ 互动功能不知道如何使用

□ 视频插件版本要求高

□ 其他________________

14. 您是否愿意继续通过直播形式享受公共文化服务?

○ 很愿意　　○ 愿意

○ 一般　　○ 不愿意

○ 很不愿意

请填写您的基本信息,此信息仅用于数据统计,不会用于其他用途。

1. 您的性别:

○ 男　　○ 女

2. 您的年龄段:

○ 18 岁以下　　○ 18～29 岁

○ 30～39 岁　　○ 40～49 岁

○ 50～59 岁　　○ 60 岁及以上

参考文献

[1] 国家数字文化网.国家公共文化数字支撑平台[EB/OL].(2013-11-05)[2020-04-05].http://www.ndcnc.gov.cn/zhuanti/2013zt/nianhui/jishu/201311/t20131105_795333.htm.CE84CD7E77D27C57EC9DBDC3B031434A.

[2] 焦延杰.2018 年国家公共文化云稳步发展[EB/OL].(2019-01-15)[2020-04-05].http://www.ndcnc.gov.cn/gongcheng/dongtai/201901/t20190115 _ 1402352. htm. 456D01075E9105967DEA8DA28313D1CA.

[3] 文化部公共文化司.文化部关于印发《"十三五"时期公共数字文化建设规划》的通知[EB/OL].(2017-07-07)[2020-04-06]. http://zwgk. mct. gov. cn/auto255/201708/t2017080 1 _ 688980. html? keywords = . 83248D9D90A8502EF97A9D9D4C4D1F53.

[4] 巫志南.公共文化产品和服务精准供给研究[J].图书与情报,2019(1):31-40.

[5] 陈则谦,刘昱杉,聂曲晗.我国公共文化云的服务内容与特征分析[J].图书馆,2018(8):27-31,46.

[6] 高慧军，王莹，吴竞妍.国外新媒体公共文化服务供给模式研究[J].行政管理改革，2015(8):66-71.

[7] 高慧军，王宇.新媒体公共文化服务合作供给的博弈策略及保障机制[J].南京师范大学学报(社会科学版)，2015(5):51-59.

[8] 张智华，宋斌.论垂直类网络直播平台的兴起逻辑和圈层传播[J].中国传媒大学学报，2019(9):89-93.

[9] 杨婷.新公共管理的利和弊[J].经济管理(文摘版)，2016(3):304.

[10] 肖希明，曾粤亮.新公共服务理论与公共数字文化服务资源整合[J].图书馆建设，2015(8):38-43.

[11] 珍妮特·V. 登哈特，罗伯特·B. 登哈特.新公共服务：服务，而不是掌舵[M].北京：中国人民大学出版社，2004.

[12] 孔进.公共文化服务供给的国际经验及借鉴[J].国外社会科学，2015(2):88-92.

[13] 寇曦文.创新公共文化服务多元供给模式——以上海市嘉定区文化馆公共文化服务项目为案例的研究[J].群文天地(下半月)，2012(10):20.

[14] 罗贤芳.公共文化服务供给模式研究[J].情报探索，2018(6):32-35.

[15] 庆海涛.公共文化服务供给侧结构性改革方向与路径研究[J].图书馆，2018(8):22-26，79.

[16] 刘静，戚艳伟.融媒体背景下公共文化服务体系供给侧结构性改革的策略探讨[J].传播力研究，2019，3(31):7-8.

[17] 苏超.上海市公共文化服务供给模式研究[J].图书馆学研究,2017(8):81-87.

[18] 陈凯,王昌军.“网络直播”视阈下海南民俗文化推广研究[J].现代商贸工业,2019,40(32):17-19.

[19] 江凌,严雯嘉.以文化展演践行少数民族青年文化自觉——以凉山“悬崖村”彝族青年手机直播及短视频为例[J].传媒,2020(1):55-58.

[20] 李瑛,王恩豪.网络直播对区域文化的创新表达——以《虎牙·湖南》品类为例[J].新闻爱好者,2019(12):63-65.

[21] 王文权,于凤静.非遗网络直播中政府部门角色定位的思考——以西南少数民族地区为例[J].新闻爱好者,2019(2):68-71.

[22] 李翔.“直播+”时代下的非遗文化传播创新研究[J].当代电视,2018(5):86-87.

[23] 孙金蓉,闵捷.体育赛事中的受众媒介参与模式变迁研究[J].传媒,2018(16):71-72.

[24] 白莹.浅析博物馆对新媒体的应用——以网络直播为例[J].博物馆研究,2017(1):71-74.

[25] 刘洋.网络直播在图书馆中的应用现状探究[J].出版广角,2019(7):73-75.

[26] 兰荣亨,胡雨晗,朱格,等.众包直播中精彩片段的自动化识别[J].计算机系统应用,2019,28(9):219-224.

[27] Jin Yuanpu. New forms, trends and problems of cultural and creative industries in China today[J]. Contemporary

social sciences, 2017, 2(5):145-161.

[28] Jie D, Cuadrado F , Tyson G , et al. Behind the game: exploring the twitch streaming [C]//IEEE 14th international workshop on network and systems support for games (netgames), 2015:1-6.

[29] 刘琛."互联网+"时代的受众身份研究[J].湖南科技大学学报(社会科学版),2016,19(2):145-150.

[30] 刘静,彭霜.网络视频体育直播场域中的互动行为与体育动员——以腾讯视频 2017 年"NBA 全明星正赛"直播为例[J].武汉体育学院学报, 2017,51(9):18-22.

[31] 王晰巍,刘伟利,贾沣琦,等.网络直播 App 使用行为影响因素模型及实证研究[J].图书情报工作,2020,64(5):1-10.

[32] Kaytoue M, Silva A, Cerf L, et al. Watch me playing, I am a professional: a first study on video game live streaming [C]//Proceedings of the 21st international conference on world wide web, 2012: 1181-1188.

[33] Zhang C, Liu J. On crowdsourced interactive live streaming: a twitch. tv-based measurement study [C]//Proceedings of the 25th ACM workshop on network and operating systems support for digital audio and video, 2015: 55-60.

[34] Pires K, Simon G. YouTube live and Twitch: a tour of user-generated live streaming systems[C]//Proceedings of the 6th ACM multimedia systems conference, 2015:

225-230.

[35] Seering J, Kraut R, Dabbish L. Shaping pro and anti-social behavior on twitch through moderation and example-setting[C]//Proceedings of the 2017 ACM conference on computer supported cooperative work and social computing, 2017: 111-125.

[36] Lessel P, Mauderer M, Wolff C, et al. Let's play my way: Investigating audience influence in user-generated gaming live-streams[C]//Proceedings of the 2017 ACM international conference on interactive experiences for TV and online video, 2017: 51-63.

[37] Dowell C T, Duncan D F. Periscoping economics through someone else's eyes: a real world (Twitter) app[J]. International review of economics education, 2016, 23: 34-39.

[38] 杨刚,刘颢琳,徐韵影,等.网络直播引导下用户信息行为特征研究[J].情报理论与实践,2018,41(6):100-105.

[39] 马志浩,葛进平,周翔.网络直播用户的持续使用行为及主观幸福感——基于期望确认模型及准社会关系的理论视角[J].新闻与传播评论,2020(2):29-46.

[40] 胡磊.网络体育直播的问题及改进途径[J].传媒,2019(13):52-53.

[41] 项杨春.网络体育直播的发展困境与路径选择[J].传媒,2018(16):49-51.

[42] 中国互联网信息中心.第 44 次中国互联网络发展状况统计报告[EB/OL].(2019－08－30)[2020－04－06].http://www.cac.gov.cn/2019-08/30/c_1124938750.htm.EC6767FECC825E3C4A06FE2AC3E8F37F.

[43] 中国政府网.关于印发《政府购买服务管理办法(暂行)》的通知[EB/OL].(2014－12－15)[2020－04－06].http://www.gov.cn/gongbao/content/2015/content_2843784.htm.

[44] 张立杰."顾客"导向下上海公共文化服务供给方式创新研究[D].上海:上海师范大学,2018.

[45] 张熠."家门口的文化生活越过越精彩"——上海率先基本建成现代公共文化服务体系,社区居民既是受惠者又是舞台"民星"[N].解放日报,2020-01-13(1).

[46] 上海地方志办公室.(六)公共文化[EB/OL].(2018-12-4)[2020－04－06].http://www.shtong.gov.cn/dfz_web/DFZ/Info? idnode=196655&tableName=userobject1a&id=298 207.

[47] 上海嘉定.整合全市资源以大数据记录市民需求"文化上海云"堪比"文化淘宝"[EB/OL].(2017-02-06)[2020-04-05].http://www.jiading.gov.cn/xinwen/mtkjd/content_361455.

[48] 诸葛漪."科技＋文化"的创新融合,让这朵"文化上海云"更精彩[EB/OL].(2018-03-20)[2020-04-05].https://www.jfdaily.com/news/detail?id=83192.

[49] 钟菡,李宝花,侍佳妮.上海市民文化节周六“云上”开幕[N].解放日报,2020-03-27(2).

[50] 胡蕊.浅谈网络直播系统设计[J].数字通信世界,2020(1):148-149.

[51] 鲁静.公共文化服务供给有效性的空间评价与空间机制研究[D].上海:华东师范大学,2017.